নীলাভ

BLUISH

মৃণাল কান্তি গুঁই

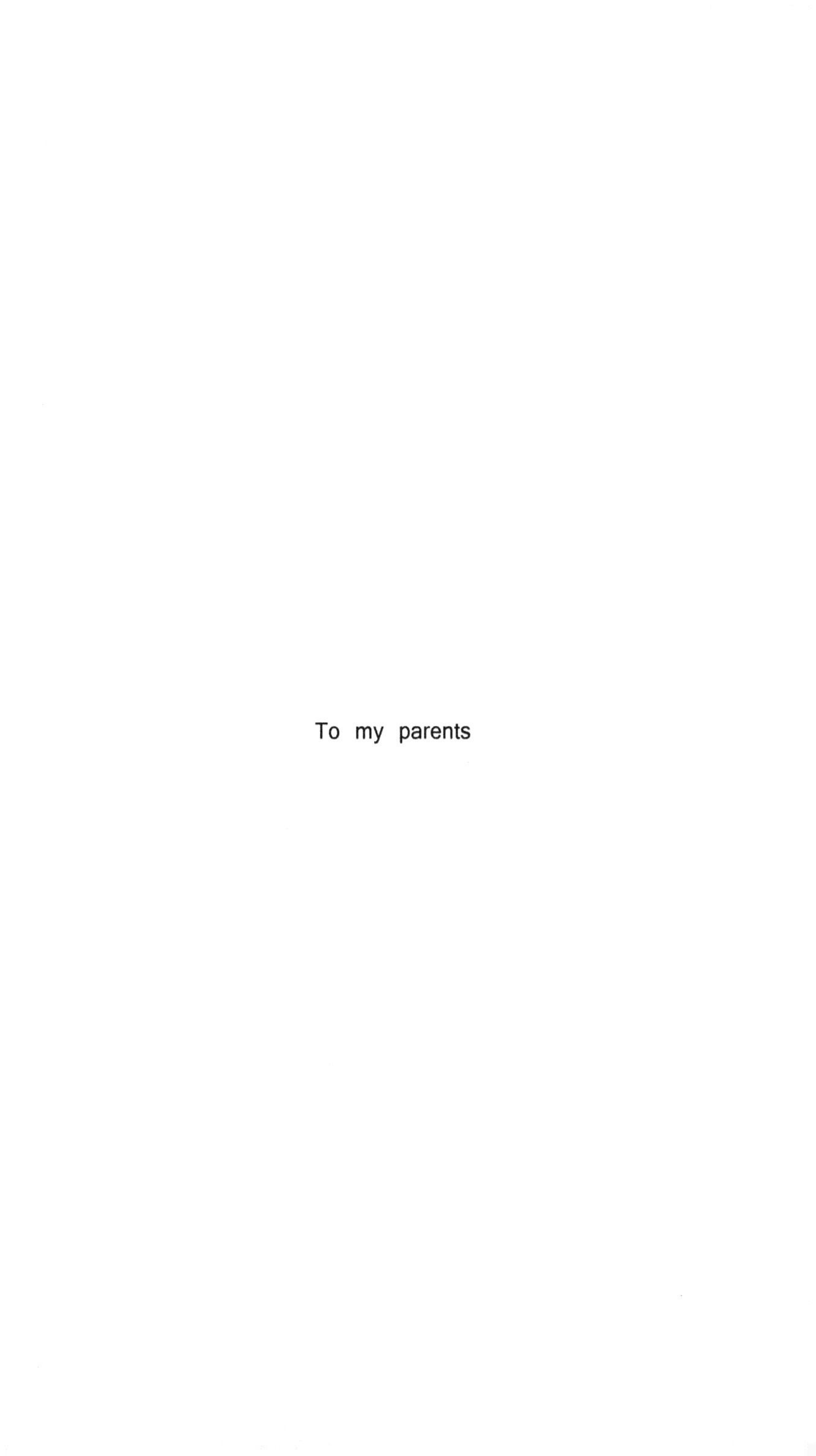

To my parents

বিষয়বস্তু

বিষয়বস্তু

বিষয়বস্তু

ভূমিকা

যুগ থেকে যায় যুগান্তরে। মানবতার এই বিজয়ের বিজ্ঞাপন চীর অনন্তকাল ধরে অনুষ্ঠিত হয়েছে। মানুষের জীবন ছিল কাব্যের মতো। সেই থেকেই আজ আমরা সকলেই মন্ত্রমুগ্ধের মতো শুনে ও পরিলক্ষিত করছি এই বিজয় যাত্রাকে। কুর্নিশ করি সেই বিজয় যাত্রাকে। প্রত্যেক ব্যক্তি জ্ঞাতসারে ও অজ্ঞাতসারে ঐ বিশেষ বিজয় যাত্রায় নিজেদের সামিল করেছেন। উড়েছে বিজয় ডঙ্কা সময়ের সাথে পতপত করে। মানুষের মননে ও চিন্তনে পরিবর্তন এসেছে। সময়ের সাথে তার খাপ খেয়ে গেছে।

অদ্ভুতভাবে আমরা অনেকেই অনেক সময় বলে উঠি কিছু ব্যক্তির কিছু কাজ দেখে – " ব্যক্তিটি যুগের সাথে বেমানান। " কিন্তু আদপে দেখা যায় ব্যক্তিটি মোটেই যুগের সাথে বেমানান নয় সে যেদিকে চলে সমাজ তাকে ঠিকই মানিয়ে নেয়। দেখা যায় ঐ বক্তার চিন্তাধারা ছিল যুগের সাথে বেমানান।

কোন মানুষই এই সমাজে কম গুরুত্বপূর্ণ নয়। সবাই সমানভাবে ঐ সমাজে পরিব্যাপ্ত। অনেক সময় কোন মানুষ কতটা পয়সা উপার্জন করে সেটাকে গুরুত্বপূর্ণ ভেবে বসি সেটা নিতান্তই অমূলক ভাবনা হওয়া উচিৎ। মানুষের ভাবনার সাথেই ব্যক্তিত্বের পরিচয় ঘটে। আজ সে ধনী কাল সে ফকির মানুষ কি সেখানে পাল্টায়? অবশ্য আসল কথা হল অপ্রাসঙ্গিক মন্তব্য কোথাও করা উচিৎ নয়। এটা অনেক সময় বিষের মতো কাজ করে। কোনো কোনো ক্ষেত্রে তা এক ধ্বংসের বীজ বপন করে। ধীরে ধীরে এগিয়ে যেতে থাকে সভ্যতা।

আমার এই কবিতা সংকলন " নীলাভ" আপনাদের নিকট ধীরে ধীরে প্রকাশিত হচ্ছে। আমার চিন্তা ও কর্মের প্রকাশ ঘটবে এখানে।

আমার এই ক্ষুদ্র প্রচেষ্টা সকলের সাথে সকলের কাছেই সমাদৃত হবে এই আশা রাখি।

সংকলনটিতে বিভিন্ন স্বাদের কবিতা থাকছে যা সমাজের বিভিন্ন স্তরের মানুষের জন্য বিভিন্ন চিন্তাধারায় রচিত। রচনায় আধুনিক ভাষা চয়নের দিকে বিশেষ গুরুত্ব দেওয়া হয়েছে।

মানুষের কাছে পৌঁছে দেওয়া আমাদের পবিত্র কর্তব্য। কর্মরত অবস্থায় নির্বোধ ব্যক্তিরাও জানে তারা গুরুত্বপূর্ণ কিন্তু অন্য জনেরা বুদ্ধিমান হয়েও নিজেরা হীনমন্যতায় ভোগেন। সেটা একদমই ঠিক নয়।

আমি নিজেই যদি নিজেকে গুরুত্বপূর্ণ না ভাবি অন্যেরা কি ভাববেন তার একবার ভাবুন তো?

সবাই সমানভাবে গুরুত্বপূর্ণ। সংকলনটি সমাদৃত হলে আমার পরিশ্রম সার্থক হবে বলে আশা করি।

নিবেদন

মৃণাল কান্তি গুঁই

১৭ই অগ্রহায়ণ ১৪২৮

৪ই ডিসেম্বর ২০২১

স্বীকার

মানুষের কাছে পৌঁছে দেওয়া আমাদের পবিত্র কর্তব্য। কর্মরত অবস্থায় নির্বোধ ব্যক্তিরাও জানে তারা গুরুত্বপূর্ণ কিন্তু অন্য জনেরা বুদ্ধিমান হয়েও নিজেরা হীনমন্যতায় ভোগেন। সেটা একদমই ঠিক নয়।

1. চোখ

আমি দেখি চোখে, শুধু যে তোকে।
জানি না কেন সকলের মাঝে হয়ে আনমনা।
ধূসর পৃথিবী যেন মনে হয় এক অচেনা পান্ডুলিপি
কোন এক নামহারা অনামি লেখকের বেদনা।
হয় দিশাহারা।

❧ ❧ ❧

ওঠে চাঁদ উত্তর গগনে ।
জানি না কেন সকলের মাঝে হয়ে আনমনা।
চলে কেনাকাটা মন নিয়ে মনে
চাঁদের সাথে গিয়ে বিমল ভূবনে
হয়ে আত্মহারা।

❧ ❧ ❧

ডোবে মন কোন যে অজানায়।
জানি না কেন সকলের মাঝে হয়ে আনমনা।
ভিজে স্বপ্ন, মনে আশা অসীম গহনে
লাল অর্থ, কালো মনে
তোমা নির্ভর বাক্যহারা।

❧ ❧ ❧

নীল মনে হয়ে তোমার।
জানি না কেন সকলের মাঝে আনমনা।

সূর্য যেন মনে হয় কমলা
খাদ্য গুণে ভরা, তোমাতেই সব শব
নতুন সৃষ্টি অনাসৃষ্টি ছাড়া।

২. জল তরঙ্গ

প্রানটা যে চলে গেছে তোমার হাতে, সেটা তো ছিলই তোমার তাগিদ।
ধরটা আছে আমার , বুদ্ধিমান হয়ে হেরেছি বারবার সবুজ বিবেচনায়।
মনে হয় বোকামিটাই ছিল ভালো
বুঝতে নরম মন
হয়ে ম্রিয়মান
আত্ম বলিদান।

❦❦❦

ছেলেমিটাই ছিল পরিনতির প্রকাশ, হয়ে বিভোর তব বক্ষ মাঝে।
সাত সমুদ্র পাড়ি দিয়ে হাজির যেন বাদশা জাহাঙ্গীর না শাজাহান।
নুরজাহান বা মমতাজসম
তব পরাগের মিছিল
সমীর শীতল
হৃদে কোলাহল।

❦❦❦

ঘুমন্ত সে সিদ্ধান্ত, হাতে খর্গ- কৃপাণ- গদা- চক্র সহ ব্রহ্মাস্ত্র।
শুয়ে থাকা ভবিষ্যতে, পৌঁছাতে যায় সহস্র বছর সহজ সরল মন।

অধীর আগ্রহ পরে চাপা
ভাঙ্গে দোলনচাঁপা
ওড়নায় খোঁপা
অভিসারে মাপা।

❧❧❧

মান্ধাতার মাথা খেয়ে চলে আধুনিকতা , লজ্জার হৃদয় পড়ে
ঢাকা।
না থাকা সে থাকা, হৃদয় শুধুই পাশবিকতার প্রকাশ লজ্জায়
মাথা খাওয়া বিবেক।
চলে জীবন দোটানায়
যেন কোন সে করুনায়
মৃত সে মায়া
জীবিত হায়া।

৩. যুগাশ্ব

নতুন কিছু করার আশ্বাস হৃদয়ে, অসি হাতে চলে অশ্ব পিঠে।
আজান ও অজানার সাথে মেশে সে হলুদ পাখি খেতে চায়,
হেরিয়া তব ।
একাকিত্ব থেকে এক হওয়া
মননের সে গভীরতা মাপা।
কারো কাছে এক দিন , ক্ষণিকের সে অদ্ভুত মায়া খেলা।
বারতা কারো কাছে যেন , যে ইতস্তত, অসীমের মেলা।
যুগাশ্ব পরিমাপে
হৃদয়ের মনিকোঠায় আবদ্ধ
করে থাকে একমাত্র পরিমাপ ও মস্তিষ্ক।
ঘটনার সূত্রপাতে হয় না সে হাওয়ার আনাগোনা।
ডানার পরিমাপ হয়ে ওঠে চোখের গভীরতায় আনমনেই ।
মস্তিষ্ক ছাড়া হৃদে
খেয়ে ফেলে মাথা।
না বলা কষ্ট কখনো আকর্ষণে আক্রান্ত।
পরাস্ত হোক চাই সে মন সমন।
নিশির ডাক, ঠোঁটে ব্যথা
কখনো পাওয়া কখনো না পাওয়া।
বোঝে না স্থায়ীত্ব।
চাই কেবল সুখ সুন্দরী
বিচারধারা ও পৃথিবী
খাপ খায় না শুধু যুগের সাথে।
তাই চাপা ও পারে দিতে উত্তর যুগাশ্বের কাছে

অশ্বমেধে যায় কেন?
শ্রেষ্টত্ব প্রমানের নেশায়
বরমাল্য যে তার এক মাত্র লক্ষ্য
স্ত্রী বা বিজয়ীর সম্বর্ধনার তিলক
যার কাছে যা প্রিয় , থাকে তার কাছে।
তুমি হও হাওয়া তখন সেই বিজয়ীর কাছে।
ভেবে দেখো নারী, নিজ অস্তিত্ব-
বিপন্ন বিপনন তব বৃথা রুপ
সাজাও যেটা আয়নার কাছে।
পুরুষত্ব তা হার মানায়
তাতে ভাঙ্গে সে হৃদয়ে ব্যথার কাছে।
জয়ী সে হয় জগতে

"*হারে সে অবিরত নিজ বিবেকের কাছে।*"

4. আশা

আম নিয়ে আশা করে আমচাষী।
ধান গম নিয়ে সর্বস্ব হারান সে বানভাসী।
ভেবে যায় ঈশ্বর আছে সাথে।
ছাত্রের পড়া মুড়ে যায় নামী মলাটে।
শীতে শীতল শানাই সানাই।
গেয়ে গেল গাথা গদাই।

চমকিয়া ওঠে কোন সে দুরে।
মানাতে চায় মানুষ শুধু ঘুরে ঘুরে।
জগৎ চলে তার আপন তালে।
কখনো তরতর করে কখনো দোলাচালে।
আমি অমানিশা আর অটুট আশা।
ভালো ভালে ভরুক ভাষা।

বাবা মা তার কর্তব্যরত কেবলই উৎপাদনে।
উচাটন মন মগধে অশোক আলিঙ্গনে।
থায় মাথা আসার আষাঢ়।
ভরে মন মালিনী করে হাহাকার।
ভালোবাসা নিরেট জমানো এক শীল।
বাসা হীন মানসিকতা স্থবীরতারই বসন্তে কোকিল।

পুষ্টিকর পুরস্কার পাকানো পাঁকে।
ফাঁকায় ফকির ফাঁকিতে কাঁদে।
জল হারা পুকুরে ডুবতে চায় হাঁস।
বিধাতার চোখে কোন সে পরিহাস।
পরিহারি তব হয় যদি কোন সে অমঙ্গল।
আশিষ মনে লয় রয় ধন সম জঙ্গল।

আটপৌরে শাড়ি পরিপাটি করি
বাঁধিয়া চাল কি আহামরি।

বাবার আশির্বাদ মায়ের স্নেহ
ভাইয়ের ভালোবাসা যেন মধুমেহ।

5. শৌর্য

কর্মে তুমি বীর , যেন হিম হিমাদ্রির শিখর সম উচ্চ পাহাড়।
নীল নিলীমায় মোড়া ভারত, উত্তর থেকে দক্ষিণ, পূর্ব থেকে
পশ্চিমে দন্ডায়মান।
আকাশ থেকে নীল সমুদ্র সর্ব স্থানে দন্ডায়মান কক্ষনো শায়িত
প্রয়োজনে জঙ্গলে লুক্কায়িত।
পাথর থেকে পাথার পাতার মূর্চ্ছনা কানে যায়–
সব সে দেহ শবদেহ হওয়া পর্যন্ত লক্ষ্যে অবিচল।
পাও তত জীবন ও জীবনীশক্তি কোথা থেকে।
আমরাও তো মানুষ, তোমাদের ভাই বোন
স্বার্থপর , নীচ, সব কীট এই জগতে।
লজ্জায় পরি , ভাবি দেশমাতৃকার সন্তান বুঝি কেবল তোমার।
কেবল দিতেই এসেছ , সেই প্রেম কে জানে সেই বোঝে।
মাটির দেশ মোদের কাছে, শুধুই মাটি
চিন্ময়ী হয়ে ওঠে গর্বে তব ছোঁয়ায়।
আদর অনাদর অনাবিল আনন্দে গভীরতা।
মায়ের আশিষ জয় টিকা কেবল সাজে তোমার ললাটে।
রক্তমাখা দেহ অনাদর, চিন্ময়ী মাতার বিভোরে
গাও বিভাবরী, শত্রু ভয়ে থরোথরো।
উচ্চ নিনাদ ক্ষিপ্র গতি।
প্রয়োজনে তাগিদ আত্মাহুতি।
কাঁদে তব পরিজন দেশ মাতৃকার সন্তানেরা।
বাঁচে যারা মরে তাদের গৌরবে।

ভীরু কাপুরুষ বাঁচে দীর্ঘ কাল মরে বিবেকের কাছে দিন
দিনে।
সুপুরুষ, শুপুরুষ হয়ে থাকে বেঁচে মনের অলক্ষ্যে গভীরে।
দিন দিন চলে হঠাৎ অনুকূলের দিকে।
ফিকে মন যম ও জানে
কষ্ট পায় হৃদয়ে।
থায় বিশম বিসম যমুনার কাছে।
নমস্কার নয়, নত তব পাদপদ্মে।

৬. ভারতবর্ষ

মায়ের শিক্ষা দেশমাতৃকা, আমার ভালোবাসা , ঠোঁটে হালকা হাসি।

উদাত্ত কণ্ঠে চিৎকার ক্রিকেট ম্যাচ, অলিম্পিক, জনগনমন।

১৯৪৭, নেতাজি, বঙ্গভঙ্গ, রক্তের বিনিময়ে হৃদয়ে লেখা।

পরাধীনতা, লজ্জা, মিরজাফর, গুপ্তহত্যা থেকে হতাশা।

মিহিরগুল, মামুদ ও বখতিয়ারের পাষাণ হৃদয় শেষ করতে পারেনি তোমায়।

স্বাক্ষী নালন্দা, বিক্রমশীলা শেষ করেও শেষ করতে পারেনি আমার ভালোবাসাকে।

শেষ হয়ে গেছে তারা কোন সে মহাকালের স্রোতে।

ঘৃনার রাজ্যে ছিলেন , কালো ইতিহাস লজ্জাতে।

ভরত, কালিদাস, হরিষেন, চানক্য, রবি ও দুখু

আর্যভট্ট, লীলাবতী, চরক সহ ভারতমায়ের সন্তান।

দিয়েছে কখনো বীরত্ব, কখনো চিকিৎসা, কখনো বিজ্ঞান।

তোমার মাটিতেই মিশে গেছে তারা, হয়ে মুহ্যমান।

মুখে মুখে শ্রুতি, প্রস্তর লিপি , লেখ, লেখনী ও মিলন।

ছৌ , কুচীপুরী, ভারতনাট্যম, বেহাগ, মল্লার সহ

কাঁদে হৃদয় তোমাতেই অহরহ।

মা আমার হৃদয়ে আঁকা।

ভাগীরথী, কৃষ্ণা, গঙ্গা ও গোদাবরী শাখা।

আধুনিকতায় মোড়া আজ মম মাতা

চাই পৃথ্বী, অগ্নী ও গাহি তব জয় গাথা।

তব সুসন্তান আজো সাথে তব

বৃথাই হবে সবে কলরব।
সাধারণ সে সাধারণ নহে
কংস , রাবন বধে আমাদের হবেই জয়।
কর্ণকুহরে আজি হতে শুনি
হবেই হবে শ্রেষ্ঠ মোদের জন্মভূমি।

7. ছানা

বাবা তো দুর, পায়নি মায়ের ভালোবাসা, পাছে লজ্জা।
কুকুর ছানা সহ পথশিশু তারা হারিয়ে ফেলেছে মজ্জা।
আট থেকে আশি কথা বলে, আলোচনাই চলে সিংহভাগ
নিশিদিন ।
কাজের বেলায় তো আসেনা কেহ, ছেঁড়া মশারী, বসনে মলিন।
রোগ ভোগের দেহ, দেব – দেবী সহ , কঠিন বাস্তবতা।
মোটা চাল মোটা ভাত সহ, একটু কৃত্রিম স্নেহ, এর জন্যই ,
কুটে মরে মাথা।
চাই অন্ন, চাই বস্ত্র জানে না তো তারা,
নিজেদের জীবন তো ঝুঁকিপূর্ন তারা যে সর্বহারা।
কুকুর ছানা আপন তাদের নয়তো আপন মানুষ।
দিন দিন যায় লাঞ্ছিত করে সকল বিবেকের হ্রাস।
তারাও মানুষ, ভাবুন তো তারাও তো কারো সন্তান।
নিজ খাদ্য , নিজ স্বপ্ন ভিক্ষাবৃত্তি তাদেরও লজ্জা, হতাশা, হীন
।
সাহস আছে, ইচ্ছা ছিল তবে কেন?
তারা রবে সকলের সমান মানবতার সন্তান যেন।

৪. ফেরিওয়ালা

সকাল সাতটা বা সন্ধ্যা , দুপুর দেড়টায় বা রাত্রি , কাজের
মধ্যে বা অলসতায়
হঠাৎ কাজে হঠাৎ চিন্তাধারার মাঝে কেমন যেন আমার
কবিতা পায়।
চিন্তাধারার বন্ধনে, ভালো থাকার আশায়, জগতের উন্নয়নে
ভেসে যাই
প্রানের তাগিদ, মোহ ও মায়ার নীল স্বপ্নে ঋষি জাগে কি
কোন দোটানায়?
আমরাতো কোন দেশে স্বপ্নের ভোরে বেঁচে থাকি কখনো সুখ
কখনো আশায়
হঠাৎ কাজে হঠাৎ চিন্তাধারার মাঝে কেমন যেন আমার
কবিতা পায়।
চাষীর ফসল রোপন, জলের অভাব , বন্যা ও অতিবৃষ্টি,
অতীব বেদনা
খাওয়া না খাওয়া আনমনা শরৎ, হেমন্তের নিম্নচাপ
শেষে হয় সব আশা উদ্দীপনা।
ব্যবসায় নীতি, মানুষের কথায়, শোষন ও অন্যায় যাই কোন
ভাবনার দেশের ভরসায়
হঠাৎ কাজে হঠাৎ চিন্তাধারার মাঝে কেমন যেন আমার
কবিতা পায়।
নিরপেক্ষতা, শান্তি , ভালবাসা সহ দুর্বার আন্দোলন খায় মাথা
জনতার

শান্তির দেবদূত, তুমিও আহ্লাদিত , অকুন্ঠ আস্ফালনে কোন
সে স্বপ্নে ফেরার।
হ্যাঁ, ঠিক ভাবছো, বিগলিত হয় হৃদয়
হঠাৎ কাজে হঠাৎ চিন্তাধারার মাঝে কেমন যেন আমার
কবিতা পায়।

৭. লজ্জা

তোমার ঐ চোখ মায়াবী, কেন রায় চাই তোমার আশা,
খুঁজে দেখলাম আছে শুধু কুসংস্কার, নেই কোনো ভালোবাসা।
শত চেষ্টা করেও পারিনি করতে নিরস্ত্র, বসে আছে জগদ্দল
পাথরের বসতি,
জন্ম হতে ধীরে ধীরে কুশিক্ষা বিজ্ঞান সম্মত ভাবে দেওয়া
নেই কোথাও কমতি।
অসুখ সারানো থেকে স্বজন হারানো, মন হতে তাই দুই পা
বাড়াতেও রাজি,
আতপ চাল থেকে আতস বাজী- ওঝারই যেন সব কারসাজি।
সামনাসামনি পরে গেলে করে সব ইতঃস্তত, কতকটা ভয়ে
কতকটা যুক্তিতে হার মেনে পাছে
লজ্জা তো সেখায়, যুক্তি সেখানেই হার মানে ঐ কুসংস্কারের
কাছে।
স্বজন হারানো নয়, কুসংস্কার হয় মাথাব্যথা।
যতই বয়স্ক হয়, ততই সমস্যার বাড়া।
বিজ্ঞান বোঝে না তো তাই সব যুক্তি তর্ক ছাড়া।
কখনো বলে- " বিশ্বাসে মিলায় বস্তু তর্কে বহুদূর।'
লজ্জা বাড়ায় তখনই যখন অর্ধশিক্ষিত থেকে মজদুর।
বাঁচবো মোরা ,ভাববো মোরা একটু গভীরেই,
উন্নত করবো মোরা নিজের ও সমাজের স্বার্থে
নয়তো থাকতে হবে সেই তিমিরেই।

১০. শোক

আমার
জীবনে সব কিছু যখন হারিয়ে যায়,
বাবা মা বা বাঁচার আশা,
কাকে তুমি ভাববে প্রিয় ?
সবাই থাকে নিজের তাগিদ
নাইতো কোথাও ভালোবাসা।

যেমন
কারো প্রিয় বাবা আবার
কারো বা প্রিয় মা।
ছেলে মেয়ে যে বাপ মার প্রিয়
এটাই যে এক আসল সত্য ,
অনেকে তো বোঝেন না।

আমার
মায়ের কষ্ট বাবার দুখ যে
অহরহ হায়! অহরহ।
মায়ের চোখের মোটা চশমা,
বাবার হাতের সেই যে লাঠি,
সেটাই সবথেকে খাঁটি।

তাদের
কখনো কি মনে হয় কিসের
বয়সের সেই ভার ?
কেন সবাই হয় না নতুন
ভেবে পাই না সব
অকুল পাথার।

আমার
বাবার শাসন চাই যে আজি
চাই মায়ের সেই ভালোবাসা
বোনের স্নেহ, গভীর আদর,
আর
কম্পিটিশনে হেরে গিয়ে
ভাইয়ের সেই কাঁদতে বসা।

আমি
বড়ো হয়ে আজ হারিয়ে গেছি
নিজের কাছে গহন বনে।
বাবা মায়ের সেই আদর
খাপ খেয়ে যায় কোন বনে
চেয়ে দেখি সব মিলে যায়
অদ্ভুত এক মাটির টানে।

সবাই
শীতের স্নিগ্ধে স্নিগ্ধ হয়ে
আকাশের ঐ নৌকা বেয়ে
চলে যাই ঐ কোন সে দূরে।
মায়ের কথায় কাজল লতায়
চোখের কোনে মলিন ছায়ায়
স্বপ্ন রঙে বিভোর হয়ে।

তবু
দিন চলে যায়
মাস চলে যায়
তোমার ঐ জানলা দিয়ে।
মায়ের আশা
বাবার দোয়া
জল ছবির ঐ স্মরণ নিয়ে।

হায়রে
ভাবতে গেলে কান্না আসে,
কেন যে আজ হলাম বড়ো?
বাবার মায়ের সাথে সেই
যে ফেলে আসা
পাই কি সেরূপ ভালোবাসা।

১১. আমার বাসা

শান্তিতেই জানি তুমি রবে
তোমার অট্টালিকায়।
আমার দিন কেমনে কাটে না কাটে
কিবা তোমার এসে যায়।
বর্ষাকালে জল পরে ঘরে
শীতে কাটে না শীত।
বিধাতার হায় নিঠুর খেলা
ভেবে ভেবে মরি আমি সারাটা বেলা
হয়ে তাই কুন্ঠিত।
বসন্তের রাতে কোকিলের আওয়াজ
হাল্কা শীতে আরামদায়ক
মনে জাগে এক আশা।
পরের শীতে হবে আমার
একটি সুন্দর বাসা।
দিন চলে যায় মাস চলে যায়
মনের আসা মনেই শুকায়।
দুঃখে লুকায় মুখ।
হায়রে কপাল কারো
একটা থেকে আরেকটা হয়।
আমি শুধু হায় ভেবেই যাই
মেনে নি, এ হায়!
দেবতারই রায়।
তবু আমার এঘর স্বপ্নে মোড়া

ভালোবাসায় ঠাসা।
হোক না ভাঙ্গা তবুও সেতো
শান্তির যাওয়া আসা।
অদ্ভুত এক শান্তি পাই
যখন শুয়ে উপরে তাকাই।
দেখি আমার শরীর ভাঙ্গা
কষ্টে গড়া ঘর।
চিন্তা সকল যায় যে উড়ে
ধুসর নীলাভ পাখনা নেড়ে
শান্ত কলেবর।
দুঃখ হেখায় মনের কোনে
কতো না সেই স্বপ্ন বুনে
গিয়েছি কতকাল।
আমাদের এই বিজয় গীতে
চায় যে সবাই একটু শীতে
একটি নিজের ঘর।
নিজের পাতে নিজের হাতে
একটি শুধু চাওয়া।
আশায় আশায় দিন চলে যায়
যেন, একটি দমকা হাওয়া।

12. তাগিদ

পৃথিবী সহ চন্দ্র সূর্য সবাই
কেউ ঘুরছে আর ঘোষণা করছে
কারো হয়ে প্রিয় সাথ।
এর মধ্যে রচনা হচ্ছে
চিরন্তন এক নতুন সাঁঝে
কালের নতুন পথ।
ভেবেছ কি আমরা যারা
ভাবি নিজেদের ছন্নছাড়া,
চলি কি নিজের মতো?
হয়ত তারা ভুলেই গেল
ছোট বেলার সেই কথাগুলো,
দেওয়া ছিল কথা যথাযত।
তারা চলে নিজের মতে
নিজের কাছে নিজের হতে
গড়ে তো নিজের ভাগ্য।
কাজের সময় যে ফাঁকি দেয়
অগোছালো সে জীবন বানায়
হয় যে হতভাগ্য।
শীতের ক্যাথা শীতের জন্য
গরমের জন্য হাওয়া।
হেমন্তে মধুর শিওলি ফোটা
বসন্তে কোকিল গাওয়া।
প্রকৃতির ঐ নিয়ম মানা

হয় না কোথাও একটু হানা,
নড়চড় বা অন্য কিছু।
যে পারে না মানিয়ে নিতে
হোক ধনী বা অ কিঞ্চিৎ তে
ছাড়ে না কারো পিছু।
তোমার আমার কথা চলে
ভবিষ্যতে বা অস্তাচলে
নব নব সব পরিকল্পনায়।
এমনি করে যাই ভেসে তাই
মাটি আমার স্বপ্নে ছোঁয়াই
বাবা মায়ের সেই যে মায়ায়।
ভেতর হতে আসে যাহা
রইবে তো সকল তাহা
কাটিয়ে কালের রোষ।
চিরন্তনের ট্যাগ লাগিয়ে
ধুম করে বা ধূসর হয়ে
কাটবে সকল দোষ।

13. ঝরে যাওয়া পাতা

রুখো না আমায় কেও,
আজ একটু কাঁদতে দাও।
একটু ঝরুক না একটু অশ্রু , ধরুক না একটু গলা।
বিগলিত হোক না একটু হৃদয়, সময়ের পথ চলা।
এক শ্রেনীর মানুষ আছে,
তারা দিনের পর দিন বাঁচে।
আরেক শ্রেনীর কাছে, যুগের পর যুগ শুধু কাজ।
পৃথিবীটা থাক তাদের হাতেই, ছেড়ে সকল লাজ।
তারা রক্ত ঝরায় দেশের তরে,
কাঁদছি তাই ভেবে আপন করে।
পুত্র ও স্বজন হারানো আমাদের এই বাটি।
ভাবতো তারা "মাটি তো নয় যে মাটি, শুধুই খাঁটি!"
হে ভাগ্যবিধাতা! কেন হও রুষ্ট এরূপ।
মনে হয় যেন, কেন তব এই অনাচার স্বরূপ।
সকলের হৃদয় কম্পিত করে, এনেছ হায় পাথারে।
কি করি হায়!ভেবে মরি, যায় হারিয়ে কোন সুদুরে।

14. শীত

বাবুদের সাথে হাতে হাত রেখে, চলেছি মোরা।
ভাবনার পাখা উড়িয়েই দেখা, বেঁধে গাঁটছড়া।
ধন প্রাণ ভুলে , দুই হাত তুলে যেন ভুলে থাকি।
অতীতের কথা, নেই মাথা ব্যথা, দিয়ে যায় ফাঁকি।
আঁকিবুকি একে, আরচোখে দেখে করে আনাগোনা।
হাতে হাতে ধরে, গাঁ গাঁ ঘুরে দেখে ছানাপোনা।
হৈ হৈ করে, দেখ এল কে রে? বলে যায় দাদা।
কাবুলের কথা খায় শুধু মাথা, যেন ছোঁয়া হাঁদা।
গায়ে দিয়ে জামা, করে হাঙ্গামা, জমিয়েছে হাত।
লুকিয়ে দেখা, হয়ে একা একা, মনে কুপোকাত।
সাইকেলে চেপে, মাছ বেঁচে হেঁকে, ঘোরে পাড়া পাড়া।
সকালের ডাকে, ভাবনার বাঁকে , হারিয়েছি সাড়া।
তুমি আমি সব , করে কলরব , ভাবনায় হারা।
আমাতে তোমাতে, এই সেই শীতে, পড়েছি ধরা।

15. ভাবনায় তুমি

হিমালয় হতে আসিলেম আমি তোমার আশাতে।
ভাবিলাম আমি দিলাম হাতছানি তোমার জগতে ।
তোমারই কথা ভাবি সদা, মনে ভুলে যায় সব কাজ।
তোমারই কথা কেউ যদি বলে মনে আসে আগে লাজ।
ঘুমেই তাই আঁকে যে উঠি ভাবিয়া তোমার কথা।
তোমায় যে তাই দেখিতে যে চাই ভুলিতে যে ব্যথা।
মনের সাথে মনের খেলা হয়েছে সেই কোন বেলা।
সবার মাঝে জানে সে তার, করে তাই সে অবহেলা।
হয়েছি তোমার সেদিন আমি জেনেছি তোমার মন।
ভুলেই গেছি আমি আমার সকল আপনজন।
প্রজন্মের- ই বারতা আসে, ঘুরতেই তাই চাই।
হাতে বীনা পায়ে নূপুর মন উথাল পাথাল তাই।
সাত সাগর আর তেরো নদী, থাকতো যদি ভাই।
হয়তো বলতে, পরীক্ষা করতে , সোনার হরিণ চাই।
সুন্দর এই মন বয়েসের সাথেই করে শুধু মাতামাতি।
একজন ভিজে অন্যজনে যেন বরষাই দেয় ছাতি।
চাই তো সবাই স্বপ্নের মতো, হয় কি তাই কভু।
এটা পেলে হায়! ওটা যে হারায় , অদৃষ্টে যা দেয় প্রভু।
কারো ছেলে চাই, করো যে মেয়ে
কেউ সব হারায় সবকিছু পেয়ে।
মানুষের মন কি জানি কখন হয় যে বাঁধন ছাড়া।
ভুলে সব মান, করে দিয়ে দান, হয় সে আত্মহারা।
সবাই চাই যে মনের শান্তি, দিয়ে সব মন প্রান।

হয় কি কভু তাহা? তাই মনে ভাবো আগে চাই সম্মান।

16. গভীরতা

জীবনের এক স্বপ্ন, হলো বুঝি কি পূর্ণ?
অদেখা এক দেখা, ছিল কপালে লেখা।
পূর্ণতার সমীকরণে, যোগ- বিয়োগ আঁকা।
ঠান্ডা মাথার উত্তেজনায়, হর্ষতা কি সব হার মানায়?
সে গভীরতা মাপতে চায়, অতল কোন পরিমানে।
অন্ধকারে গহন বনে, চাই খোঁজে তল অন্বেষণে।
দিনের আশা সর্বনাশা, আমার আশা তোমার বাসা।
তোমার বাসায় বাস করিতে চাই যে আমি বারোমাস।
সকল দুঃখ ভুলবো আমি, করবো মূল্যবোধের চাষবাস।
ফুল ফুটিবে, আসবে ভ্রমর, ফল ফলাব গাছে।
জল সাথে সার সবাই দেব, বীজের হবে অঙ্কুরোদগম।
থাকবে তুমি প্রফুল্ল, পরিবেশ হবে মনোরম।
আসবে প্রজাপতি ফুলে ফুলে , খেলবে বনে।
প্রকৃতির সেই যে খেলা, মন উচাটন আর উন্মাদনা।
খাবে হাওয়া, উড়বে ধুলো, স্বপ্নমাখা সে সম্পাদনা।
খেতে খেতে ক্ষেতে ক্ষেতে চড়াই পাখির নাচ।
দমকা হাওয়ায় ছড়িয়ে পড়ে বীজগুলো সব হতচ্ছাড়া।
তোমার সাথেই মনের সাড়া বোঝা যায় আপন পারা।
কালের সাথে তাল মিলিয়ে স্বপ্ন বাঁচে দীর্ঘ হয়ে।
চিন্তাধারার অগ্রগতি ও শান্তিতেই মিলিয়ে গিয়ে ।

17. অজানার মাপে

কেন জানি না লিখতে বসলেই তোমার কথা মনে পরে।
অন্যকোনো চিন্তা আসে না তো মনে।
কালো কাজল লতায় তোমার কথা।
মাথায় এক কালো টিপ।
শিশু গাছটিতে এক মাছরাঙা বসে তাকিয়ে আছে
ঐ জলের দিকে , কোন এক নিশানায়।
বলতে পারো কি?
কোন মাছটি আজ তার পেটে যাবে, সে কি জানে?
ভেবে দেখেছ কি? আমাদের জীবন ঠিক ঐ পুকুরের মাছ
গুলির মতোই।
আড়ালে কোথায় যেন দাঁড়িয়ে আছে সেই মাছরাঙা রুপী
অদৃষ্ট।
অদৃষ্টে বিশ্বাস করো কি?
হ্যাঁ। অদৃষ্ট বা নিয়তি মে যাই বলুক না কেন?
ব্যাপারটি তো সেই একই হলো।
আজকাল তুমি কেমন যেন আমায় এরিয়ে যাও।
মনের কথা বলেছিলাম বলে কি তাই।
বলেছিলাম প্রাণের তাগিদে ভালবাসি যে তোমায়।
আচ্ছা তুমি আমায় ভালবাসো না। বলো। একবার বলো।
জানতে চাই তোমার মনের কথা।
এত চাপা কেন তুমি, বলো।
লোকে বলে নারীদের পেট পাতলা বলে দেয় সব কিছু।
কিন্তু তুমি বলো না তো। বলো না তো একবার মুখ ফুটে।

তুমি প্রকৃতি , লোকে বলে নারী।
প্রকৃতি ও নারী সমার্থক, এক কথা
বলে সব লোকে।

তুমি প্রকৃতি , লোকে বলে নারী।
প্রকৃতি ও নারী সমার্থক, এক কথা
বলে সব লোকে।

১৪. পুতুল খেলা

একটি পুতুল চাই যে আমার, করব পুতুল খেলা।

এমনি করে যাক ভেসে যাক, সকাল সন্ধ্যা বেলা।

পুতুল গুলো হতো বাস্তবের মানুষ

কখনো বাবা কখনো মা , কখনো বা মনের ভালোবাসা।

সাজতাম আমি তোমাকে পেতে,

ভাঙ্গা আয়নায় মুখ পেতে, কখনো মুচকে হেঁসে।

ঋতু পরিবর্তনের সাথে , কেমন যেন পাল্টে যেত খেলাগুলো,

কিন্তু পাল্টাতো না সেই চরিত্রগুলো।

ভরসায় ভরে ভর করে হত সকল কাজ।

আমার সেই সংসারে একটাই ছিল নারী

যে কখনো মা, কখনো মেয়ে কখনো বা অন্য অন্য কোনো

কিছু।

গয়নাগাটি ছিল এক জোড়া, ভাগাভাগি সেতো জানতামই না।

তাই ছিল না কোনো জটিলতা, ছিল না কোনো ঝগড়া।

পুতুলগুলো ছিল খুবই সহজ সরল

বড় হয় নি তো? তাদের মন।

হিংসা, হিংস্রতা যতসব পাশবিক প্রকৃতি–

সেতো আছে মানুষের।

হয়তো আছে দেবতার ও।

তাই তো তারা সেই ষড়যন্ত্রে লিপ্ত হয়ে

মারতো দানবদের, তাদের আত্মীয়দের।

পরিত্রানায়ো সাধু নাম , বিনাশায় চ দুষ্কৃতাম --

ঝরতো প্রাণ , হোক সে দানবের-

পুতুল সমাজে কি কোন দানব হতো ?
হত নাতো? তবু সমাজ তো চলতো।
দিন হতো রাত হতো।
বিয়েতে খেতাম ভোজ পাত পেড়ে।
নিয়ন্ত্রণ হত না মুখ দেখে।
চলতে চলতে মিলিত হয় সমাবেশে।
বক্তব্য ও চলতো
শেষে সবাই মিলে যেত।
গলায় গলায় ধরাধরি করে
মিলতাম ও মিশতাম সকলে।
সম্পর্কের উষ্ণতা উপভোগ করতাম।
তাই চাই না এই সংসারে কোনো
নিকটবর্তী ব্যক্তি করুক আঘাত
এই কোমল মনে।
ভুলি না সব ! যাই না সব সেই পুতুল খেলার দেশে।

19. খোকা খুকুর ছড়া

আরে আরে আরে ,
তোরা দেখে যারে যারে।
খেলছে দোয়েল পাখনা তুলে
বাদুরটি আজ গাছে ঝুলে।
কবুতরের ঐ রকম সকম
করে শুধুই বক্কর – বকম।
মাছরাঙাটি দুঃখ ভুলে
ঝুপ করে ঐ পড়লো জলে।
চড়ুই করে ফুরুৎ ফারুৎ,
ঘুঘু ডাকে ঐ গাছে।
কাকগুলো সব ঝগড়া করে,
ফিঙে পাখিটি নাচে।
ডাহুক পাখিটি দৌড়ে চলে।
ডাকে ও থাকে ঐ জঙ্গলে।
কোকিলটির ঐ মিষ্টি গানে
নেশায় মাতি এই ভূবনে।
চিলটি ওড়ে শান্ত হয়ে
লক্ষ্য তার নীচে।
চাতকটি ঐ জল চেয়ে যায়,
হয় কভু কি মিছে।
বাজপাখিটি শিকার ধরে
ইঁদুরগুলো ঐ ভয়েই মরে।
টিয়াপাখিটি আছে খাঁচায়

মোড়গ ভোরে লোককে জাগায়।

20. গাছ ও ঋতু

ছয় ঋতুর এই বাংলাতেই কত না রঙ্গের দেখা।
গাছ গাছালি পোকা মাকড় সঙ্গে থাকে হেথা।
গরমকালে গাছের ডালে, আনারস আর আম কাঁঠালে
ভরিয়ে দিয়ে ঘ্রাণ।
লীচু যে আসে তারই সাথে , চাঁখতে স্বাদ রসনাতে
ভরে যে মন প্রান।
বরষাতে মাঠটি জুড়ে, খারিফের ঐ তোরজোড়ে
চাষী পোঁতে ধান।
ভবিষ্যতের আশায় চাষী, হয় গড়বে মৃদুভাষী
হয় না ম্রিয়মাণ।
শরতের ঐ আঁকিবুকি,
কাশবনের ঐ সাদা শাখি
মনে আনে এক আশা।
হয়তো কিছুদিন পরেই হবে, পূর্ণ ভালোবাসা।
হেমন্তের ঐ নির্মল মেঘ, ফোটে শিউলি ফুল।
ভোরের বেলায় টহল যে দেয়, ভাঙ্গে সকলের ভুল।
চাষীরা ঐ মাঠে যে যায়,
পাকা ফসল ভরে গোলায়
আসে নবান্নের ধুম।
প্রকৃতির ঐ উষ্ণতার, হয় যে ভালো ঘুম।
শীতের তাজা ফসলে, হয় রে তাজা মন।
পটল, ঢেঁড়স, পালং ফলে,
লাউ , কুমড়ো মাচায় দোলে।

চাষীর তো সব এরাই প্রিয় , এরাই প্রিয়জন।
ঋতুরাজ বসন্ত আসে , নিয়ে ফুল ও ফলের বাহার।
বর্ষশেষে ওগুলো আমার , প্রকৃতি মায়ের উপাচার।
বৃক্ষগুলো পুনঃ পূর্ণতা পায়,
পর্ণমোচীর পাতা গজায়।
ফুলের সুগন্ধে মাতোয়ারা হয়ে,
কখনো কৃষক কৃষাণী ওঠে গেয়ে।
আমের গাছে মুকুল আসে
ভ্রমর ঘোরে আসেপাশে।
প্রকৃতির এই রূপ দেখে মজেছি যে আমি।
এই আমার বাংলার কথা, হীরের থেকে দামী।

21. নীম গাছটা

বছর কুড়ি আগে কোন এক দিনে,
কে যেন কে ফেলে ছিল এক বীজ নীমের।
প্রকৃতির ডাকে তারই দানে ,
যেন কাজল লতার কাজল পড়েছিল চোখে
আর বাঁ কপালের টিপ।
ডাইনীর ডাইন লাগে নি তো সেখায়
হয়েছে আজ এক বৃক্ষ নবীন।
কে কোথায় ছিল কে জানে
একটি কাক, পাঁচটি শালিক, কখনো একটি টিয়া,
আসছে সেখায়, ডাকছে আর ভরছে মোদের হিয়া।
সেই শিশুরা আজ যুবতী যুবক , মাঝ বয়সীরা বৃদ্ধ,
বৃদ্ধরা আজ থুরথুরে সব, কেউ বা আজ মৃত।
এ তো গেল সব বাইরের কথা,
সেকথার কি কোনো আছে মাথা ব্যথা!
কতো যে অক্সিজেন দিয়েছে কে জানে?
কতো বাসা পাখি করে সে কূজনে।
ছায়া আর মায়া একই রূপে হায়
আমরা পরেছি আজ বড়ো দোটানায়।
কাঠবিড়ালি আর চড়ুই পাখি
নিম গাছে ঐ করে লুকোচুরি।
ময়না বসে ডালে, করে আর ঘোরাঘুরি।
ছোট্ট থেকে আসছি দেখে
সবাই হচ্ছে হারা

নীম গাছটি হচ্ছে শুধুই সকল দুঃখ হরা।

২২. জীবনে আমার

সকালে উঠি তখন কেমন যেন মনটা কাঁদে।
চলে গেল আবার একটা দিন আমার জীবন হতে।
আচ্ছা! জীবন মানে কি শুধুই বেঁচে থাকা?
শুধুই কি আরাম ভোগ আর রোজগার?
ভবিষ্যতের জন্য শুধুই কি উমেদারী ?
না অন্য কোন কিছু।
শীতের সকাল, একটু খালিপায়ে দূর্বার উপর হাঁটা।
একটু মজার কথা বলা, একটু গঠন মূলক তর্ক।
একটু ভালোবাসা, মনের গভীরে একটু চাওয়া পাওয়া।
ভালোবাসায় একটু হারিয়ে যাওয়া!
জীবনে এক নতুন তাগিদ, তাই করে পাওয়া।
শুনেছি ভালো ভাবনায় নাকি সব হয়? জানিনা।
আচ্ছা কখনো ভেবে দেখেছ কি?
ঐ ফুটপাতের মানুষগুলো কেমন করে বাঁচে!
কচিকাঁচা গুলো কি খায়,
অরক্ষনীয়া কেমন করে রাত্রি যাপন করে।
জানি, তোমারো লজ্জায় নত হবে মাথা।
কি? ভাবে না তো কেউ তাদের কথা।
কি করবে! ভাবছো ক্ষমতা তো কিছু নেই তোমার।
ইতিহাস দেখ, দেখ আর শেখো "অমৃতস্য পুত্রা" তুমি।
তোমার মধ্যেই ঐ অফুরন্ত কর্ম – ভুমি।
চেয়ে আছে ঐ মানবতা, হেলাফেলা নও তুমি।
তোমার ঐ গুরুত্বে হয়তো কেউ চেয়ে আছে।

হয়তো তুমিই তার উত্তর, এই মানবতার কাছে।

23. মনুষত্ব

আচ্ছা সেই সুন্দর অবিস্মরণীয় রাত,
হয়েছে আজ মলিন
কারন সেখায়, নীল রক্তের সাথে যে হলুদ স্বপ্ন
যে খেলা করে।
একই মানুষ একজনকে ভালবাসতে চায়
আবার অপর জনের জীবন নিয়ে ছিনিমিনি খেলতে চায়।
কেন? কারন সেতো অজানা, হয়তো বা তারা মানুষ বলে,
হয়তো বা এটা মনুষত্বেরই জয়।
কারন তারা যে মানুষ, দেবতা দানব নয়।
দেব হলে হতো হয়তো ভালো সদা।
দানব হয়তো সদাই থারাপ
কেবল সকলের থারাপই চায়।
তাই মানবিকতাই হয়তো দেবতা গড়ে,
কাউকে খুশি করতে কাওকে মারে,
তাইতো সে কোথাও অহল্যা, কোথাও বা কৈকেয়ী।
কোথাও বা মন্দোদরী কোথাও বা দ্রোপদী।
বলতেই হয় দেবতা তো নেই তাইতো হানাহানি।
সবাই যে আজ শীতল রক্ত নোংড়া সরিসৃপ।
যেদিকে তাকাই, একই দেহে সবই রূপ
কেন যে কল্পনায়।
এক দেহ, কখনো মানব,
কখনো দানব কখনো বা অন্য কিছু।
শীতল রক্ত গরম করে, চলেছে তাই পিছু।

অদ্ভুত এক সম্মিলনে,
মানব দানব, দেবতা সনে
গোলায় সবকিছু।
কোথায় দেব? কোথায় দানব? কোথায় অন্যকিছু?
সবকিছু তো এখানেই রয় ছাড়ে না কভু পিছু।

24. জয়ী

চিরদিন শুধুই হেরেই গেছি আমি,
এতে জানি আনন্দ পেয়েছে অনেকেই।
কে কে তাও জানি অনেকের নাম, তাদের ব্যক্তিত্ব।
জানি না কেন, কেন তারা আনন্দিত হয় অন্যের অসফলতায়।
এদের মধ্যে অনেক আবার সহমর্মিতা দেখাতেও আসে,
ঘোরে আসে পাসে।
নিশ্চিৎ হতে ঐ খবরে--
আর আমি দীর্ঘ নিঃশ্বাসে।
কিন্তু হয়তো জানে না তারা, অসফলতা তো আনন্দেরই বাড়া,
দ্বীপ্ত মনে , আবার জেগে উঠবো একদিন,
জানবে অপরের থেকে
হয়তো পাবে লজ্জা সেদিন সামনে আসতেই।
হয়তো বা অন্যকিছু---
প্রকৃতি বা ভগবান বা ঈশ্বর যাই বলি কেন-
সাথে তো থাকে তারই
যারা চেষ্টা করে নতুন কিছু করতে।
হোক ভুল, তবু ছেড়ো না হাল।
রেখো মনে এসব সব নিন্দুকের বেড়াজাল।
আসবে শরৎ আসবে বসন্ত
যদি কিছু নতুন করার চেষ্টা কর
রয়ে যাবে ছাপ, জয়ী হবে তুমি একদিন নিশ্চয়।
সেদিন সে জয় ভাগ করে নিও সকলের সাথে,
ভেবোনা কাউকে পর, জেনো সবে আত্মীয়।

আর নিজেকে সময় দিও,
কারন যে ব্যক্তিকে সব থেকে বেশী
অবহেলা করো তুমি।
আমার স্বপ্ন, আমারই হবে, রবে আমার কাছে।
সাত সমুদ্র আর তেরো নদী
কোন দিনও পেরোলো যদি
দেখবে সে এক অব্যক্ত স্বাদ হৃদয়ের কোনে বাজে।

25. উন্মাদনা

মানুষের মাঝে অগ্রণী, সে এক কল্পকথা।
ইতিহাস ঘেঁটে দেখা, রাজ্য জয় থেকে উর্ধীব সবেতেই লেখা,
সেই উন্মাদনা।
কোথাও ধ্বংসে, উত্থান ও পতনের সাক্ষী
শীতল রক্ত হতে নীল রক্তে লেখা
এই উৎসবের আমেজ বিরাজ করছে দেখা।
ঠিক উল্টো করে ভেবে দেখেছেন কি?
কোথায় অন্যকিছু রগরগে চোখে
লোলুপ দৃষ্টিতে তাকিয়ে থাকে, ধ্বংসে ও সৃষ্টিতে।
কালো ভবিষ্যতে, ধূসর সকালে সকলেই ছাড়ি নিঃশ্বাস।
কোন কিছু না ভেবে , মস্তিষ্ক বর্জনে হয় উত্তাল পৃথিবী।
করোনা, ইন্টারনেট, স্কুল কলেজের তালিকা, মলাট
হাসপাতাল, ডাক্তার, ব্যাকরন থেকে ব্রতকথা।
হিসাব নিকাশ, হিংসার আগুন থেকে গ্রেফতার
সবেতেই এই উন্মাদনার কাছে পরাস্ত।
টলটলে ভাবনা থেকে দেশ মাতৃকার বেদনা,
মানুষের জীবন থেকে হারিয়ে যাওয়া
আইডিয়ার দখল, হোক অপ্রাসঙ্গিক মন্তব্য!
সেতো সবই উন্মাদনা।
খেতে চাওয়া থেকে ভালবাসা পাওয়া
উৎপাদন থেকে ধ্বংস,
শীতের স্নিগ্ধতা থেকে বসন্তের আগমনে মুখরিত হওয়া
সবাই সমানভাবে মেতে ওঠে ঐ উন্মাদনায়।

হতে অমর উঠে পড়ে লেখনী, লেখক দেখে লেখে। অমরত্ব
পায় সেই উন্মাদনা।
হয় ইতিহাস খাঁ আলমগীর থেকে নেপোলিয়ন
হিটলার থেকে হিংসা , সেতো তারই জয়গাথা।

26. বাংলা

আনমনে কেন যেন হারিয়ে যায়, তোমার ভালবাসায়।
চলে যায় দিনগুলো, কাটে বৎসর।
আমার বাংলা মা যেন থাকে হেলায়।
গরমের উষ্ণতায়, শীতের শীতলতায় ,
ছেঁড়া স্বপ্নে বিভোর হয়ে কেমন যেন ডুবে যায়।
বুঝবে না হয়তো কেহ,
বরিশাল, ঢাকা, কলকাতা বা বর্ধমান,
অপিনিহিতি থেকে অভিশ্রুতি
হায়! আজ সব ভুলেই গেছে!
তাদের দূরদর্শিতা আজ পেয়েছে পূর্ণতা।
লজ্জার সে ইতিহাস,
১৯০৫, বঙ্গভঙ্গ, ১৯১১ থেকে ১৯৪৭ ও
দীর্ঘশ্বাস ফেলে আসা!
জমি , জায়গা, প্রাণভিক্ষা থেকে দুঃস্বপ্ন।
কুলাঙ্গার, কার্জন থেকে নন্দকুমার।
বারে বারে ছিন্ন হয়েছে তব হৃদয়।
কেন ভেবে দেখেছ কি?
কার জন্য আমার মায়ের এত কষ্ট,
বারে বারে বিদীর্ণ হয়েছে দেহ।
গত হয়েছে এত শত সহস্র স্বপ্ন।
এত শ্রেষ্ট এই জাতির দমন হয়েছে বিজ্ঞানসম্মত।
কার এত ভয় ? কিসের এত শঙ্কা!
হয়তো তারা বুঝতে পেরেছিল,

তাদের শ্রেষ্ঠত্ব টলায়মান।
তাদের ভয়ে ভীত হয়ে, করেছিল আমাদের দমন।
মুখের ভাষা থেকে মনের ভাবনা, তাদের সে ভয়,
আর আমাদের ভালোবাসার মৃত্যু!
এটাই কি হবে নিয়ম বা নীতি।
অবশ্যম্ভাবী হয়ে গেছে বলে মনে হয়, সেই চলা।
যেমন ইতিহাস হয়ে গেছে সব,
তেমনি হয়তো আসবে আবার সেই সুদিন।
কালের সেই গতিতে আবার আমরাই হবো শ্রেষ্ঠ।

27. উৎসাহ

তারা জানে বাচ্চাকে উৎসাহ দিলে তারা তো অসাধ্য সাধন
করে।
তারা জানে প্রতিভা কম বেশী সকলের আছে।
সমস্যাটি কোথায় জানো?
হায়, সেটাও হয়তো সবাই মানে, দিন দিন বাড়ছে মানুষের
জ্ঞান ও সৃজনশীল অভিজ্ঞতা।
ভয়টা তো সেখানেই তাদের।
হয়তো তারা ভাবছে , তাদের আসন টলে যাবে।
তাই, সম্মান নয়, হয় তারা উৎকোচ বা করুনা ভিক্ষা দিচ্ছে।
মহান তো নয় তারা, তারা নীচ, কীট, স্বার্থপর।
ভিক্ষা দেওয়ার নাম করে চায় শুধু আণুগত্ব।
মানবতার অপমান হয় দিন দিন।
এটা তো হায়! লজ্জারই সমীচীন।
যেটা পাগলেও জানে দেশ ও দশের কাছে ভালো,
কালো মনে হয়, কোথাও একটু বেশি চুপচাপ?
ষড়যন্ত্র, মনলোভা স্মৃতি, হারিয়ে যায়।
একটু ব্যতিক্রমী একটু উষ্ণতার খোঁজে
পাই যে লাল চোখ। ছোট্ট মনে দাগ কাটে গভীরেই।
তবু দেয় না একটু উৎসাহ।
কারন সেটা যে অমূল্য সম্পদ।
অনেকের মতে অনুসন্ধান।
লোলুপ দৃষ্টিতে তাকিয়ে তারা হয়তো চায়
নাম, যশ, খ্যাতি, নয়তো বা অন্যকোন কিছু।

তার কাছে কিন্তু অদ্ভুত বিচার!
ঋক, সাম, থেকে অথর্ব হয়তো বা উপনিষদ
ভারতের গর্ব তো ঐ পরম্পরায়
নয়তো বংশগতিতে ---
তা হায়! আমরাই ভুলে যাই নিজেদের স্বার্থে।
উৎসাহ তার নাম,
সে শুধুই দেয় সবকিছু।
নেয় শুধু তো অহংকার,
যেটা কি কভু হয় নি ভালো,
কেবলই টানে পিছু।

২৪. জোচ্চুরি

হঠাৎ কেন কেউ তোমার ভালো করবে?
কেন এই কঠিন বাস্তবতা ও নির্মমতার যুগে
তোমায় গুরুত্বপূর্ণ বিষয় বলে মনে করবে।
বিষয়টি একটু ভাবনার --
অনেকের মনে আছে অনেক বিষ
হিংস্রতার গড়ল থেকেও ভয়ঙ্কর তাঁরা।
অশিক্ষিত বা শিক্ষিত বলে আলাদা কিছু নয়--
তারা সবাই সমান ক্ষতিকর।
কেউ করে ক্ষতি সামনে সামনে ,
কেউবা সকলের অজ্ঞাতসারে।
কেউ বা প্রতিশোধে, কেউ বা হিংসায়।
কখনো কেউবা বা কাউকে এড়িয়ে যেতে,
অন্যকোনো কারণে--
মনের সাথে তাই ঐ সবাই করে যে জোচ্চুরি।
বেড়িয়ে আসে ঝুলি থেকে বিড়াল তখন।
স্পষ্ট হয় তখন তারা ছিল নয়তো আপনজন।
মনটাকে তাই আগলে রেখো
ঐ সকল দুরাচারীদের থেকে।
হাসবে তারা মনকে নিয়ে, আর করবে খেলা
ভাববে তুমি সস্তা আর করবে অবহেলা।
নিজেরটা তাই বুঝে নিও সদা, সকলের কাছে।
নইলে সদাই হারিয়ে যাবে
তোমার ফল অন্যে খাবে,

না লজ্জায় কুন্ঠিত হবে তারা জেনে যাও নিজে।
তোমার ভালোমানুষির দাম দেবে নাতো কেহ।
শুধুই বলবে ও বোকা , ছিল এক অপাঙ্ক্তেয়।

না লজ্জায় কুন্ঠিত হবে তারা জেনে যাও নিজে।
তোমার ভালোমানুষির দাম দেবে নাতো কেহ।
শুধুই বলবে ও বোকা , ছিল এক অপাঙ্ক্তেয়।

29. কালজয়ী

রোজই ভাবি আগামীকাল এটা করবো, তার ফলে এটা হবে
আর ওটা হবে।
ভাবতে ভাবতেই হায় দিন চলে যায়! হয় না তো কিছু।
মনে হয় এমনি করেই দিন চলে যাবে, রাত্রি আসবে।
নতুন বাচ্চারা জন্মাবে আর বড়ো হবে,
আসবে গ্রীষ্ম থেকে বসন্ত আবার চলেও যাবে।
পরে থাকবে শুধু স্মৃতি-
কিছুটা বেদনা,কিছুটা নীলাভ আশা,
আর কিছু হয়তো ভালোবাসার চিহ্ন।
আমার সেই স্বপ্ন এখনো অধরাই থেকে গেল।
হল না তো কোন কালজয়ী সৃষ্টি--
যা দেখে করলো না তো ধন্য ধন্য!
সত্যই তো , কেন করবে ধন্য ধন্য---
জগতের জন্য কি করেছি আমি।
চিরকাল তো স্বার্থপরের মতো নিজের কথাই ভেবেছি।
কখনো হয়তো ভেবেছিলেম তোমার কথাও --
তোমায় নিজের ভেবে।
সেটা তুমি বুঝতে পেরে সরে গিয়েছিলে,
আমার কাছ থেকে,
সেটাও তো ছিল স্বার্থপরতাই,
নয়তো অন্য কোনকিছু।
আমার কালজয়ী সৃষ্টি কি অধরাই রয়ে যাবে।
জানি তোমারো বক্ষে রয়ে যাবে সেই দাগ,

অদৃশ্য থাকবে মনে, কখনো সঙ্গোপনে।
কত শত কালজয়ীদের মাঝে ভীষণ কষ্টে স্থান করে
নিতে তো আর সময় লাগে সাথে চাই
ভাগ্য ও অধ্যাবসায়।
হয়তো বা এ দুটির আমার কোনটিই নেই।
জানি মানুষের জন্ম হয়, বাঁচে আর মারা যায়।
এটা তো অনন্ত সত্য।
এরই মাঝে কেউ কেউ অমরত্ব পায়,
কেউ বা তাই সকলেরই মাঝে হারিয়ে যায়।
জীবনের এই ব্যাকরণে,
বহুব্রীহি থেকে কর্মধারয়।

৩০. উপক্রমণিকা

মানুষ বাঁচে কখনো নিজের জন্য,
কখনো বা ভালোবাসায়,
এমনি করে তোমার কথায় কোথায়
যেন হায় হারিয়ে যায়।
কোমল মনে তোমার কথা ভাবি যে সারা বেলা।
হয়তো তুমি আমায় পেয়ে করতে সেরূপ খেলা।
পেয়ারা গাছে বাদুর বসে , বাঁশ বাগানে কাক।
হয়তো তুমি ভোরের শিশির, দিচ্ছ কালের ডাক।
কালি নদীর পাড় বেয়ে হায়!
ঘুরে তাদের আবদারে যায়!
আশায় ও ভালোবাসায় স্বপ্লেও তোমাকে পাই।
ক্ষেতে সোনার ফসল ফলে, মনে কোন দুঃখ নাই।
ছোট বেলায় পুলকে, উদ্যমে আর উৎসাহে
না বুঝেই বুঝলাম কত যে কিছু।
সময়ের সাথে তাল মিলিয়ে সকলেই নেই পিছু।
চিন্তাধারার বদল আসে বয়সের সাথে সাথে।
ক্যামনে সবাই হারিয়ে যায়, কেবলি আপন থাকে।
রাতের বেলায় দুই প্রহরে
শিয়াল ডাকে হুক্কাহুয়া,
শীতের ঐ স্নিগ্ধতায় স্নিগ্ধ হয়ে
মনটা যেন হচ্ছে পয়া।

31. গতি

কে আছিস কোথায় আই রে তোরা, দেখতে?
হঠাৎ করে কেন এমন হলো পারি নি বুঝতে।
জীবনে মুল সূত্র হল গতি।
গতিশীলতা হল জীবন , গতিহীনতা ইতি।
উদ্ভিদ ও প্রানীর জীবন, ঐ গতিময়তা হল
সত্যম, শিবম ও সুন্দরম ।
তবে ঐ গতির গতি হল, সেই কালের গতি
হয়তো বোঝে না মনে ---
বীজ পরে ঐ গাছ জন্মায় বড়ো হয়
আর ফসল ফলায়, এ যে, ঐ গতির ফল জেনো।
রাত্রি হয় সকাল থেকে, আর দুপুরের কথাগুলো,
তুমিও তো ছোট ছিলে , ভেবে দেখ ঐ কালের গতিতে আজ
কোথায় দাঁড়িয়ে আছো।
পৃথিবীর ইতিহাসে গতিময়তা এক ইতিহাস।
খুব অসহায় হলেও , আমরাই ঐ গতিময়তা
কাজে লাগিয়ে আবিস্কার করি অনেক কিছু।
অনু, পরমানু থেকে, ক্রোমোজোম, জীন
হয়েছে আমার জানা, কালের স্রোতে আরো উন্নত--
চন্দ্র, সূর্য, আর ঐ বার্ষিক গতি।
সেতো ঐ গতির ই সন্ততি।
শীতের লেপ, গরমের জামা, হয়ত বা অন্যকিছু।
তুমি আর আমি হেথায় রব
কিন্তু গতি তো নেবেই পিছু।

সভ্য হবো মোরা আরো, এটা তো গতির ফল।
শ্রুতি থেকে স্মার্ট হলো এটাই গতির চল।

32. দূর্বাদল

সেদিন সবাই চলে গেল, যে যার দিকে।
কিন্তু তুমি তো গেলে আমায় ছেড়ে দিয়ে এক বাহানা।
দুটি মন জানলো ঠিকই , কিন্তু একে অপরকে না বলা কথা
হয়ে গেল বলা।
হ্যাঁ, ঠিক সেভাবেই হল আমাদের পথ চলা।
কেন হায় চলে গেলে , আমায় ছেড়ে, কোন সে সুদুরে।
সেই না ফেরার দেশে! অশ্রুসিক্ত নয়নে হেরি তোমার ছবি।
আজ গত হায় তুমি!
তোমার পরশে কুড়ি থেকে উঠতো সে এক না জানা ফুল।
সুগন্ধ ছড়ানো এক আশা!
সে আশা আধাই রয়ে গেল, তোমা বিনে।
অথচ, এই তুমিই তো বলেছিলে পাওনি তো কাউকে আজো।
তোমার আগমনে আমি যে হতাম আত্মহারা।
জানতে তো তুমি! তবে কেন তুমি হারিয়ে গেলে,
আমাদের জীবন হতে পারতো, এক পুষ্প,
এক পূর্ণ গাঁথা মালা, তোমায় পেলে।
আচ্ছা! তুমি কি আমাকে বিশ্বাস করো নি?
যদি তাই হয়, আমার মরমে এসেছিলে কেন?
হৃদয় খুলে সেই ভালোবাসা দিয়েছিলেম।
সে তো দেয়া আর দেয়া।
চাই নি তো কিছু।
তবে কেন এমন চলে গেলে
আমায় হায়। ছাড়িয়ে পিছু।

শত শত রাত কেঁদে কেঁদে ওঠি ঘুমের ঘোরে।
যেন তুমি আজো আছো আমার সেই সুরে।

33. অভিসার

কথা বলতে বলতে গলাটা যখন কেঁপে ওঠে, হঠাৎ তোমায় দেখে-

যখন আনমনে তোমার নামটি মনে আসে,

যখন কেউ তোমার কথা বলে লজ্জা পাই,

কেন? এটা হয় সেই জন জানে, এর কি মানে।

মনে হয় তুমি সেই অভিমানী, কোন চুপিসারে, যাবে অভিসারে।

শীতের সেই শীতলতায় চোখের কোনে মিটিমিটি হাসি,

একটু আলতা, ছোট একটি লাল সিঁদুরের টিপ।

ধীরে ধীরে এগিয়ে চলা, মনে মনে হয় কত কথা বলা,

না বলা যে বলা, হবে সেদিন, যাব ও যাবে অভিসারে।

মম চোখে , তুমি যে আজ রম্ভা, কাদম্বিনীর ছটা।

শীতঘুম থেকে জেগে ওঠা এক মহীসোপান।

হঠাৎ চোখে চোখ রাখার অভিপ্রায়।

সাদা পায়ে এক ক্ষুদ্র নুপুর, কখনো হালকা বাজে,

আজো মম হৃদে।

আম বাগানে সেই উৎকন্ঠার অপেক্ষা, একটুখানি ভয়

আর অনেকখানি উত্তেজনা পাবার আশায়,

আমিও বসে আছি, তব সেই পথ চেয়ে।

যেদিকে তাকাই, সব যেন আজ দেখি অপূর্ব!

কেন জানো কি? তব মধুর সম্পর্ক, স্পর্শে মন যে মাতোয়ারা।

কোন সে উন্মাদনা ও চোখে জেগে ওঠে হয় করুন সে দিন গুলো।

বিশ্বাস ও পাওয়ার সে বেদনা ও আনন্দে দশদিক আজ উজ্জ্বল
,
চিরন্তনের সেই দৈবিক আলো।
মনের কথা ভেবেছিলেন বলে দেব তোমায়!
অবাক করে তুমিই আবার সাহসী হলে সেদিন।
সেদিনের সেই উপহার, আজো মনে নিস্পাপ ও নবীন।
সেই তোমাকেই আজ খুঁজেই রায়।
স্বপ্নেই হায় আজ তোমাকে পাই।

34. পরমা সুন্দরী

বাবার ও মায়ের গরবে সে গর্বিত , পড়াশোনা করা এক
বাচ্চা মেয়ে।
উঠতি বয়স, মুখে দৃঢ় ছাপ, বুকে অদম্য শক্তি,
মনে কিছু করার নেশায় চলেছে সে।
দিন রাত এক করে পড়ে, বাবার কুড়ে ঘরে।
পাড়ার ও সে এক আশা, বাবা মায়ের প্রদীপ সর্বদা চোখে
চোখে।
পাছে সে হারিয়ে যায় কোন সে অজানা রাস্তায়।
শশী কলার মতো বেড়ে ওঠাই হয়তো তার কাল হলো।
রূপে গরবিনি নয়তো সে, সে তো জানে সেটা নয় চিরস্থায়ী।
চাইলে অন্য রাস্তায় ও অফার এসেছিল পয়সা রোজগারের।
দৃঢ়প্রতিজ্ঞ ঘৃনাভরে প্রত্যাখান করেছে গরবে।
তিলে তিলে গড়ে তোলা নিজেকে এই সমাজের উপযুক্তভাবে।
মনের চাহিদা দমিয়ে এই নিদারুন অভাবে।
নীতি ভ্রষ্ট হয়নি কভু।
এসবের ঐ কঠোর শকতি দেয় বুঝি প্রভূ।
অনেকে সমাজের চোখে জাত খোয়ায় সেই ভালোবাসার
যুক্তিতে।
হারিয়ে ফেলে পালক পিতা মাতা ঐ পাশবিক টানে।
লজ্জা হায়া সব হারিয়ে, সব অকাট্য যুক্তিতে
পেতে সেই বন্ধন থেকে মুক্তিতে ।
আবার অন্যরূপ ও থাকে !

বাবা মা ও বংশের মুখ উজ্জ্বলে তারা মনে করে , তারাই
সব ।
দিন দিন তারা হারিয়ে যায় না।
সময়ে উপযুক্ত রুচিশীলা হয়ে জ্বলে ওঠে,
সেই কালের নিয়মে, পূর্ব গগনে উদিতা হয়ে অনুপের মতো
জ্বলে,
উৎসারিত হয়ে কবচ কপোলে।
যায় ভেসে ভেসে মেঘেদের ঘাটে ঘাটে পশ্চিমার দেশে।
ময়ূর সিংহাসন দখল করতে চায় অনেকে।
কেউ বা সম্মুখে কেউ বা মনে মনে।
ভালো জিনিস তো সবাই চায়।
এটাই তো স্বাভাবিক হয়।
ফ্যালফ্যাল করে চেয়ে থাকে রাক্ষসেরা,
লোলুপ দৃষ্টিতে, আর মিটিমিটি করে।
লোভে থাকে ও লোভ লালসা দেখায়- লেখায়!
তাদের রক্তচাপ নিয়ন্ত্রণে ঐ রক্ত চক্ষে
কেউ যদি আসে , তবে হারাবো তারে
মনে রবে তব চিরদিন ।

35. যা-তা

জন্মালে জনসভায় জাতিস্মর জানতায়।
কাকপক্ষী সহ কৃপণের কৃপায়।
সদা সাদা সতীনের সানাই সাজে।
লাল ললাটে লালসার লাগান।
করে কৃষ্ণ কোজাগরীর কাজন।
আর অমাবস্যাই আসার আষাঢ়।
অল্প আলিঙ্গনে অমানিশার আগমন।
চাই চঞ্চল চপলতা চলুক।
দিন দীনতা দান ও দীর্ঘমেয়াদি দল।
কাঁদে কি কখনো
হয়ে হায় হল।
মাতার মাথায় মামার মায়া
যাছিল জাচিল যন্ত্র দিয়া।
শত শতেক শতাব্দীতে শঙ্কিত।
ভয়ে ভ্যাবলা ভুলতেই ভীত।
কান্তা কাঁদে কাননে, কাঞ্চন বিনে হায়!
দলিত দানব দোষীদের দায়ে ,
ধরতে ধাপ্পা ধনুক ধরে
কলিতে কৃষ্ণ 'কেলি করে।

36. চন্ডাল

এই পৃথিবীতে বেড়ে ওঠে মানুষ, খাদ্য ও ভালবাসায়।
যতই কুৎসিত হোক না কেন , মায়ের কাছে অপত্য
সুন্দরতম।
একজন খুনিকে অনেকেই ভালোবাসে।
সমাজের চোখে সবকিছুই তো আর সঠিক মূল্য পায় না।
তেমনি আমি যে সকলকে যতটা ভালোবাসি ,
সবাই কি ততটাই আমাকেও পছন্দ করে?
কখনোই না। প্রকৃতির এটাই নিয়ম, চলে যুগে যুগে।
মেনে নিতে হয় বেলা
কখনো লজ্জায়, কখনো বদনামের ভাগী হয়ে চলা।
আচ্ছা! সবাই কি সকলকে খুশি করতে পারে?
তবে কেন হায় ভাবা এত বারে বারে।
একজন সাধুর ও ইতিহাস দেখো যদি,
দেখবে চন্ডালের হয়তো পার হওয়া নদী,
হয়তো লেগেছে কোনো সেই পাড়ে।
পায়ে পায়ে হেঁটে হেঁটে যেতে থাকে
কোন সে সৌভাগ্যবান সেই অচিনপুরে ।
শীতের স্নিগ্ধতায় ও শীতলতা কভু ভোলে কেহ,
যেন সে পৌঁছে যাবে চন্ড ও চামুন্ডের কাছে।
দীপ্ত কর্ণে দীর্ঘনিঃশ্বাস পড়বে তথায়।
হয়তো ভাগ্যে আসবে রোষ বা হয়তো প্রজাপতি।
নতমস্তকে দাঁড়িয়ে থাকবে তুমি সমাজের আদালতে।
মনে মনে হয়তো পস্তাবে।

এটাতো সমাজ, তার এই ব্যাবস্থায়
অনেকে আছে কিছু সুবিধা পায়,
অনেকে তার পশ্চাদে প্রচারের সফলতার আশায়
কখনো মাতিয়ে রাখে, দিন হতে দিন।
সকলের অলক্ষ্যে কিছু সরল ও সহজ মানুষ
হয়ে যায় চন্ডাল, সেই চন্দ্রবিন্দুতে।
হয় রাঙা হাত হত্যায় সেই চরিত্রটিতে।
মানে না যুক্তি সেখায়।
মুক্তির পথে চলে কোন সে অমানিশা বাস্তবে।
মরি হায় ভেবেই, সে যেন অস্ফুটে দিনান্তে।

৩৭. জলছবি

করুনা হয় ওদের দেখে, কেমনে ওঁরা মিটিমিটি চায়।
প্রস্তর যুগ হতে যুগ যুগান্তরে।
গুহা থেকে পাঁচতারা অট্টালিকায় ও ওদের মানায়।
ওরা ক্রিয়ানক, জীবন থাকলেও চলে অন্যের বৃদ্ধিতে।
মানুষের উন্নয়নে তাদের ও বিশাল যোগদান আছে।
কভু নাহি সেটা ভুলিব পাছে।
ঝড় ঝঞ্ঝাট থেকে মুক্তি পেতে হায়,
ওদের তো ঠেলে দেওয়া হয়।
নবীন মনে বোঝেনা হায় তারা কখনো কখনো।
অথচ সভ্যতার উজ্জীয়ণে তারা তো হায়!
কেবলই পিছুটান মনে করে নিজেকে।
টান টান উত্তেজনা বা বিপদ বিশাল,
কখনো হয়তো সেই নিয়মের বেড়াজাল
ভেঙ্গে এগিয়ে যেতে হলে তো
এদেরকেই চায়।
সদা পিছে তারা,
কভু হয় না তো হারা।
সাধের বন্ধু যে তারা,
এটা ছাড়া চাই না তো কিছু,
মনের হরষে, থাকে বসে বসে
সদা সঙ্গে থাকে, আমার আপন তারা।
মাতার ও পিতার কাছে পেয়েছিলাম ভাই।
জগতের এই জগত সভায় সবার ঐ জলছবি চাই।

34. মলিনতা

স্নিগ্ধ নদীর তীরে বসে আছি আমি।
কুলু কুলু নদী বয়ে চলে যায় অস্ফুটে।
চলে ও নদী হতে, মা আমার ললাটে
মায়ের ভালোবাসা। অকুন্ঠ সমর্থনে চলে
কভু সে হারিয়ে যায় কভু সে কথা বলে।
সেই অস্ফুটে! সকলের অলক্ষ্যে থেকে সকলের তরে।
সেখায় হেথায় ঘুমায় আর ভর করে ভালোবাসায়।
ঝড়ে যায় ফুল শুকিয়ে, ঝড়ে যায় পাতা শীতে।
ক্যমনে পারে ছেলে মাকে হায়! বৃদ্ধাশ্রমে দিতে?
মনুষ্যত্ব বিকাশের নামে কি যে করি।
লজ্জায় পড়ি আর, উৎকর্ষতা সাধনেই মরি।
সাধের সাত কাহনে নাই তো পিতা মাতা।
সে পরিবার কি কখনো বাঁধতে পারে বিজয়ের জয়গাথা।
বিনোদন বিভাগের বিজ্ঞাপন আজি,
রোগ থাকতে ও হায়! নিরোগ সাজতে রাজি।
ছোট্ট এ জীবনে সমস্যায় ভরা,
সাড়তো যদি খেলামনে করতো বোঝাপড়া।
একজনকে কষ্ট দিয়ে ভোগে অন্যজন সুখ।
অন্যায় ভীষন সেটা তবু, কভু কাঁপে না তো বুক?
সবশেষে বলি আমি আত্মীয়েরাও আপসে রাজি
সম্পর্কের মিষ্টতা হারায় কোন সেই তিক্তায়
জানে সে লোকে হায় "কাজ ফুরালে পাঁজি!"
জীবনের ঊষাকালে যে আমায় আমার বলে,

জীবন সফল হবে থাকে যদি সে সায়াহ্নেও, থাকে আমার এই হৃদকমলে।

৩৯. ছোট বেলার মত

আবার যদি হওয়া যেত, সেই ছোট বেলার মত।
বাবা এলে যেতাম দৌড়ে সেই পাগলের মতো।
মায়ের কোলে থাকতাম সুখে,
থাইয়ে দিতো নিয়ে বুকে।
বদমায়েশি করলে পরে,
লুকিয়ে যেতাম কোন সে ঘরে,
খুঁজতো মা সে লাঠি নিয়ে।
আমার হায় গো যেত, মুখ শুকিয়ে।
লুকোচুরি ভাইয়ের সাথে,
অন্ধকারে ও জোছনাতে
হারিয়ে যেতাম বনে।
মায়ের কথা পড়লে মনে,
শুকিয়ে যে যায় আধ বদনে।
মাটির সেই গুলতি খেলা
কভু কি করতাম অবহেলা?
তীর ধনুক ও পৌরাণিক যত, থাকতো লেগে মনে।
রামের মতোই হায় গো মোরা , যেতাম চলে বনে।
চোর পুলিশে আর ডুগডুগি, সঙ্গে থাকি মোরা,
একটু আধটু চমকিতে হতাম দিশাহারা।
ভালবাসতাম স্বপ্ন দেখতে,
সকলের অলক্ষ্যে, দিনের শেষে।
ভাবি আজো, যাই না কেন ঐ ছোট বেলার দেশে।

৪০. মজার মানুষ

সে এক বেজায় ব্যপার, বলে পাড়ার দিদিমনি।
থাকে মাঠে ও ঘাটে করে শুধু চুল বিনুনী।
ফাগুনের দমকা হাওয়ায়
বলে সে পালাই পালাই।
রাতে ঘুমায় না , সে তো।
বলে সে – করলা তে-তো!
তুমি কি জানো তারে?
কখন সে দাঁড়ায় দাঁড়ে।
সমাজের চোখে আঙুল
সে যে কাটছে লাঙ্গুল।
তার কথা শুনে, হঠাৎ চাষী,
সে চাষ ছেড়ে শুধু করে হাসাহাসি।
জল ছুঁয়ে হায়
জাত কি পালায়।
পাগলেও বোঝে সেতো নিজের ভালো
তবে কেনো , জাতের নামে সকলের মনটা কালো।
কখনো তো মনটা কাঁদে রক্ত সম্পর্ক ছাড়া।
সে এক মহানতার হদিস, শুনে হই আত্মহারা।
দেখি করিম চাচা সবকিছু ভুলে
এনেছে ঈদের দাওত, আজ মনটা খুলে।
মা, তো দেখে তা করছে ডগমগ।
ঈশ্বর স্বয়ং আনন্দে ওড়ায় বিহগ।
জয় কাকু আজ আল্লাহ নামে, নেয় যে শপথ।

সে শুধুই ছড়াবে সম্প্রীতি , হবে না বিপথ।
কুমোর সব কামরা ভুলে,
করে ব্যবহার মাটি তুলে।
সমাজের সর্বস্তরের আন্তরিকতায়
জাতপাত কে মারবোই গুলি !
যাবো এখন আধুনিক কথায়।
সকলের বিপদে আমরা সকলেই এক হবো।
হাতে হাত রেখে দুর্বার দুর্বিনাশ হবো।

41. প্রাতস্মরণীয়

কি কুক্ষণে জন্মান তারা,
হয়ত চন্দ্র সূর্য সহ গ্রহ নক্ষত্রের সমাহার হয়
এমনি, জ্যোতির্বিজ্ঞান মতে।
ক্ষণজন্মা বলে লোকে।
এই গিজগিজ জনতার মাঝে ফিরিয়ে আনতে
মানবতা, কখনো বা বিজ্ঞান কখনো বা অন্যকিছু --
যা সমাজের চোখে বা সময়ের সাথে করে পিছু পিছু।
তারাও তো মানুষ, আছে দুটি চোখ আমাদের মতো।
প্রয়োজনে হয় না তো তারা বড় সময়ের সাথে, হয় নত।
কুলু কুলু নদী বয়ে যায়, হঠাৎ কখনো জেগে দেখে।
উত্তাল নদী, উত্তরার সেই মহাভারতে।
কখনো স্বেতবস্ত্রে বা গেরুয়ায়
রবীন্দ্র ও বিবেকের রূপে।
আসে রাত আসে দিন,
কভু নহে ভোলা সমীচীন,
বলে প্রকাশ, মনে হয় তারা ছিলো,
আছে ও রবে বহুদিন অবিস্মরণীয়।
এই পৃথিবী তো আজ তাদেরই দান।
অনু পরমাণু থেকে শূন্য জীবনে শূন্য ।
ভুলে সবে আমাদের দেশে করে হানাহানি।
সাত সমুদ্র সমীচীন সমীকরণের সমাধান,
চলে যায় , দিন থেকে দিনান্তরে।
দীন দিন দীর্ঘ নিঃশ্বাসে ভেসে যায়

কোন সে সুযোগ নিয়ে
নিজের কাছে নিজের জীবনের উন্নতি।
বলো কি করছিলে তুমি?
তাদের কথা যত বেশি বলি হয় না তো বলা।
গঙ্গা কখন গাঙ হয়ে গেছে
সময়ের সাথে চলা।
কালো তিলক ও লাল টিপসম বিজয় তিলক
মহাকাল পড়িয়ে দেয় তাদের কপালে।
লালের সাথে লাল রঙ মিশিয়ে নীল হয়ে যায় কোন কৌশলে?
তারা আত্মত্যাগী , কখনো বা দুর্দম সাহসী, বা দেশপ্রেমী।
তাদের জনমে, তাদের জন্যে ধন্য জন্মভূমি।

42. কবিতার দেশে

পুতুল নাচ, আর চতুরঙ্গ চাই আজ তোমার কাছে।
হাত আজ কেমন হয় বাঁধা, কোন অদৃশ্য ভাবে।
চলতে চলতে মিলিত হয় মিলনের সমাবেশে।
স্বপ্নঘুম আজ আসে জেগেই, যায় অচিন দেশে।
হলুদ সাথী , করে মাতামাতি চড়ে স্বেত ঘোড়া।
থাকলে তুমি প্রফুল্ল পরিবেশ রবে জগৎজোড়া।
মনের সাথে হবে মনের মিলন, দেখবে না কেউ।
অলীক তখন বাস্তব হবে উঠলে মনের ঢেউ।
জগতের মত যত সৃষ্টি হয় কবিতার সাথে।
জীবনের বিভিন্ন অংশ থেকে তারাই কেবল মাতে।
পুকুরের ঐ কালো জলে, শালুক ও দাম দলে
খেলে কবিতা নির্ঝর নিঃশব্দ্য ও কোলাহলে।
কঠিনতার কঠিন সে ফাঁদ কাটতে যে চায়।
কখনো চায়ে চুমুক দিয়ে নিজেরে হারায়।
নিঃশব্দে আলিঙ্গনে যায় তারা হারিয়ে
সেই কবিতার দেশে।
খুঁজে পায় মনের মানুষ নতুন করে
জীবনের এই নুতুন মোড়ে
কোন মানুষের বেশে।

৪৩. হারিয়ে যাই

মন বলছে তাই, আজ তোমার সাথেই হারিয়ে যাই।
ভুলে এ সমাজ, মিথ্যার এ লাজ হেলায় ওড়াই।
কখনো এদেশে কখনো ওদেশে
ঘোড়ায় চড়ে অচিন সে দুরে বেদুইন বেশে
উৎকণ্ঠার সন্দেশে হারিয়ে যাই।
ভুলে এ সমাজ, মিথ্যার এ লাজ হেলায় ওড়াই।

❧❧❧

তোমার সাথে এ শারদ প্রাতে মিলিয়ে নিতে চাই।
ভুলে এ সমাজ, মিথ্যার এ লাজ হেলায় ওড়াই।
কালো দীঘি জল , পাড়ে কোলাহল
মনলোভা সে পরিবেশ, মাতন মহল
মাতাল বাউল ঐ ভৈরবী গায়।
ভুলে এ সমাজ, মিথ্যার এ লাজ হেলায় ওড়াই।

❧❧❧

মৌমাছি ওড়ে মৃদু ঘুরে ঘুরে, ফুলে উড়ে যায়।
ভুলে এ সমাজ, মিথ্যার এ লাজ হেলায় ওড়াই।
ফুলে সমাহার, খুলে গেছে দ্বার
তোমা বিনে হায়! মন হাহাকার
স্বপ্ন পাখি যেন ঐ, একা উড়ে যায়।
ভুলে এ সমাজ, মিথ্যার এ লাজ হেলায় ওড়াই।

❧❧❧

ম্লান মনে চেয়ে , দুটি গান গেয়ে, করে হায় হায়!
ভুলে এ সমাজ, মিথ্যার এ লাজ হেলায় ওড়াই।
বাজারের থলি হাতে কভু কলোনীতে
বস্ত্রহীন গরিবেরা কাঁপে ঐ ঠকঠকে শীতে
আজগুবি ঐ চিন্তাধারা হায়! মাথায় এসে যায়।
ভুলে এ সমাজ, মিথ্যার এ লাজ হেলায় ওড়াই।

৪৪. ভিক্ষা

অম্লান বদনে লোকটি সামনে এসে দাঁড়াল।
বলল- " ভিক্ষা চাই, ভিক্ষা দাও।"
হয়তো বিরক্ত ও লাগে কখনো কখনো।
ভুলে গিয়ে আমরাও মাঝেমধ্যে বলি-" জীবন বাঁচাও!"
ভিক্ষা তো দয়ার দান, করুনা বলে কথা।
ঈশ্বরের বিশাল হাতে হয় রে মাথা ব্যাথা।
ভিক্ষুককে আমরা যারা অবহেলা করি।
আমাদের বেলায় কেন এতো মোরা ডরি।
ভেবেছ তুমি কভু , ভিক্ষুক সবাই মোরা।
কেবল সে হেথায় বাঁচে অধর্মের জল ঢোড়া।
ভিক্ষাবৃত্তি শুধুই ঐ ঐ শ্রেনীর নয়?
যারা কেবল মনের থেকে জোরদার নয়।
গরমের সময় শীত ভিক্ষা, শীতে হায় গরম।
পেয়েই মা চায় হয় স্বভাব নরম।
কালে কালের গতি, ঠেকাতে না পারে।
মিছা সে ভিক্ষা বৃত্তি সময় মাঝারে।
মাঝামাঝি ভাজা ভাজা তাজা ফলমূল।
ভিক্ষার নামেই যেন হয় চক্ষুশূল।
আচ্ছা এইভাবে আমরা ভেবেছি কখনো?
শিকারির ভীষন জ্বালায় প্রাণ হারায় এণ।
সেতো এক ভিক্ষা, নয় সে কোন তিতিক্ষা!
মনে জাগে আশা, ঈশ্বরের ভীষন কৃপা, শুধুই ভালবাসা।
প্রানভিক্ষা, মানভিক্ষা ভিক্ষা হয় সময়ের।

অদামী কেবলি যে, সে জানে মনে।
পিতার পুত্র ভিক্ষা, দানে ঈশ্বর।
সকলের সে শ্রেষ্ট ভিক্ষা জানে আপামর।

45. জন্মদিন

ঐ নিয়ম করে একদিন আসে বছরে,
সেদিন কেমন যেন একটু ছোট হয়ে যাই।
ছোটবেলার কথা মনে পরে!
মনে পরে মা বাবা সহ ভালোবাসার মানুষদের।
খায় জন্মদিনের কেক। মায়ের তৈরি ঐ পরমান্ন!
শুভেচ্ছা বিনিময়, মোমবাতি ও ফোলানো বেলুন।
একদিন গুটি গুটি পায়ে বড়ো হয়ে যাওয়া।
মনের মাঝে কেমন যেন ঐ দুর্বলতা।
মাথায় ঐ কাজলের টিপ ও ঐ সেই কাজল লতা।
মনের গভীরে হালকা বেদনা, মায়ের জন্য।
তার কষ্ট ও আত্মত্যাগ, তবু মুখে বিজয়ের হাঁসি।
বন্ধুত্ব, বন্ধন ও আরো আলো পৃথিবীর
অমানিশা থেকেই বাস্তবের নুপুর
প্রেমিকার আবদার ও রেস্টুরেন্ট যাওয়া
ভরা পকেট , ভর পেটে , মুহূর্তে হাওয়া।
আবদার, চকোলেট, উপহারে উপচে পড়া।
আনন্দ থেকেই আনন্দঘন গ্রামের মেঠোপথ ধরা।
সেই অস্ফুটে ধন্যবাদ, দীর্ঘ্য জীবনের আশিষ।
কখনো হ্যাপি বার্থডে টু ইউ গেয়ে ওঠা।
প্রিয়জনের সাথে লুকোচুরি ও লুটোপাটি।
কখনো বা আদরের জড়িয়ে ধরা।
যে দিন যাই হোক , হবে সে মনোহরা।
মনের দিক দিয়ে একটু দুর্লভ দুর্বলতা।

আবার বড়ো হতে চাওয়া। আরো বড়ো।
মানুষের আইডিয়ার উপর থেকে নিচে
শত শত দিন আমি কি থাকবোই পিছে?
কখনো না ! এ এক শপথের আহবান
উন্মাদনা সৃষ্টি, শুরু করা এক জরিপে।
টুং টুং বাজে মাথায়, নতুন কিছু সৃষ্টিও।
ভাঙতে চাওয়ার ইচ্ছা
নতুন কিছু শুরু হয় তখনই
এক এক করে বড়ো হয়ে ওঠা।
মানুষের জীবনের ঐ দিনটা।

46. মরন

তোমার হাতে লেখা হায়! আমার মরন, এই সংসারে।
দেখি তোমায় দু'চোখ মেলে , তাই ওগো বারেবারে।
সতীন পায় ছেলে হায়! তার মা মরে গেলে।
শতেক ছেঁড়া মশারী টাঙিয়ে ঘুমায় যে।
মনুষ্যত্বের মরন ঘটে, সেই কোলাহল করে।
দিন দিনান্তে দু'জন দুজনকে ভালোবাসে গভীরে।
একটু ব্যতিক্রমী একটু উষ্ণতার অভাবেই যখন
হয় ছাড়াছাড়ি, চোখে সদ্য দেখা হায়! বারন,
সেটাও কি নয় ? এই সেই মানবতার মরন।
চলি দুজনে একই পথে, হাত ধরাধরি সাক্ষাতে
হৃদয়ে মনিকোঠার দৌলতে
মাঝে মাঝে মনে হয়-" যদিদং হৃদয়ং---"
আধুনিকতার ছোঁয়ায়, আমরা কোথায় যেন চলি!
জানি না তো! মনে জাগে ব্যথা অব্যক্ত।
তিলে তিলে মরে যায়! সম্পর্ক অবহেলায় মৃত।
সেকি নয় ঐ মরন সম?
হৃদে নেই টান, যেন খান খান , বেঁচে আছি তবু।
ইতর প্রানীই মনে হয় শ্রেষ্ট!
মানব সমাজ আজ যে দিগভ্রষ্ট।
বাবার খবর নেই না পুত্র, মা আজ বৃদ্ধাশ্রমে,
অস্ফুটে অশ্রুসিক্ত হৃদয়, তারি সাথে হয় নাকি?
ছেলের, মা-বাবার কাছে মরন , আর মা-বাবার কাছে ছেলে।
শীতবস্ত্র পরিধান করি, যাই সেদিক ধরি।

কভু ধরাধরি করে ঐ সাক্ষাতে!
জানি তোমারো আর আমি নই,
তাই চোখে চোখ এড়াই, দেখা হলে পাছে
সম্পর্কে কভু কি তা বাঁচে।
সাতাশ বছর ধরে, সঁপেছিলাম মন যারে,
সে তো একবারো মনে করলো না আপন মোরে!
হয়তো আমি মরেই আছি সেই সম্পর্কে।
সেই কাটা আজো মিটলো না তো!
পেলাম না তো তারে সেই আপন আপন করে!
চলে যায় দিন, আসে রাত্রি,
ক্রমে কর্মে বুঝে যাই আমি তার কাছে মৃত।
মৃত সে সম্পর্ক! মৃত মানবতা তথা।
জীবনে মনে মনে ধীরে ধীরে জ্বলা।
গহন অরণ্যে হারিয়ে মন, হায় সাথে সাথে চলা।
সেও কি নয় মৃত্যুসম, জীবন্মৃত্যু!
একবার বাঁচে আর বারে বারে মরে।
মরিয়া হারিয়ে যায় জীবিত অন্তরে।

47. বই

ছোট্ট বেলায় বাবা এনেছিলেন এক বর্ণপরিচয়।

প্রথমেই তার মলাট ছিঁড়ে ফেলেছিলাম।

বয়স তিন কিবা চার।

মা মেরেছিলেন খুব,

আর বলেছিলেন-" হতচ্ছাড়া! হবে না তো কিছু তোর।'

বাবা সেদিন টেনে নিয়েছেন কোলে।

ঐ বয়সে কেউ কি বোঝে?

আমিও তাই বুঝিনি, ঐ বিদ্যাসাগরে।

মুছে দিয়েছিলো বাবা, আমার অশ্রুসিক্ত নয়ন।

পরে, মা ঐ বইটি দেখিয়েছিল আরো তিরিশ বছর পরে।

তখন আমি বত্রিশে। জানি তখন 'বর্ণপরিচয়' খায় না মাথায়

দেয়।

ছেলেবেলার ঐ কর্মে পস্তেছিলাম সেদিন।

অনেকে বলে বই ধার নাকি দিতে নেই।

ফেরৎ নাকি আর পাওয়া যায় না।

আচ্ছা আপনি ও কি তাই ভাবেন? নাকি অন্যকিছু!

আজ , আমি বইকে শ্রেষ্ঠ বন্ধু মনে করি।

বন্ধুই তো, সে সকলের সেরা।

সভ্যতার ঐ সৃষ্টি আজ তো তারি হাতে।

হতে হাত রেখে, চলতে তে সেই শিখিয়েছে আমাকে।

গেয়ো ভূতকে আধুনিক করেছে সে, তার দৌলতে।

অঙ্ক থেকে গবেষণা, ঐ মহানগর ও মহাকাশ,

চলে এসেছি ঐ পুরো ভরসা আছে।

ঐ ললাটে লেখা তো কেবল শিক্ষা–
অদ্ভুত রহস্যময় সত্য, জয়ী হয়ে গেছে
যুগে যুগে যদি থাকে সাথে,
ঐ বন্ধু, ভালো ফল হাতে হাতে মেলে হাতে।
মহাকাব্য থেকে মহারণ সবাই মিলে
গ্রন্থ আনেনি কি নবযুগ হেখায়,
হায়, এত তার ব্যাপ্তি ভাবি নি তো ?
সে চাবি ভবিষ্যতের ,
মেলে যায় পাখা, দীন হতে দীনে,
মানে যে হয় জ্ঞানবৃদ্ধ প্রবীন নবীনে।
সেরার সেরা দিন হতে দিনে।

44. শীতল রক্ত

শীতল রক্ত নোংরা মন তারা যে সরীসৃপ।
পড়বে ছল ধরা তাদের করলে পরে জরিপ।
দান করলে দানী আর মান করলে মানি।
মানির মান হল বড়ো হীরার থেকে দামী।
ধান্দায় যে ঘোরে তারা কখনো আসে সমীপ।
শীতল রক্ত নোংরা মন তারা যে সরীসৃপ।

শীতল রক্ত নোংরা মন তারা যে সরীসৃপ।
লাভের জন্য লালায়িত হয়, কেবলি দোষারোপ।
তোমার কথা তাদের বলে, তাদের কথা তোমায়,
তাদের এই বাতুলতা নারদকেও হার মানায়।
তাদের কথায় চলো যদি তুমি, দেশ মনে হবে দ্বীপ।
শীতল রক্ত নোংরা মন তারা যে সরীসৃপ।

শীতল রক্ত নোংরা মন তারা যে সরীসৃপ।
হলুদ মনে, মনের বনে, খেলে তারা হারিয়ে ছিপ।
উল্টোপাল্টা গল্প করে ,কথা বের করার মূলে,
একই কথা বারবার বলে, ছলে বলে ও কৌশলে।
সরলতার সুযোগ নিয়ে, মনে করে তারা নৃপ
শীতল রক্ত নোংরা মন তারা যে সরীসৃপ।

শীতল রক্ত নোংড়া মন তারা যে সরীসৃপ।
তারা কি মানুষ,? জগৎ সভায় তারা যে কুলুপ।
প্রয়োজনে তারা নোয়ায় মাথা, আর ভাবে শুধু নিজের কথা।
কালো তারা কারোর কালো, জানে সেতো বিধাতা।
সকাল সন্ধ্যা দাঁড়িয়ে থাকে করে তারা নিজ হলপ।
শীতল রক্ত নোংড়া মন তারা যে সরীসৃপ।

49. মন যারে চায়

হায় রে কপাল! আমার সব কিছু শেষ হয়ে গেল।
সাদা মন, তোমার আস্ত দালান বাড়িতে ঘোরাঘুরি করে।
খেলতে চায়, আর তোমার সাথে বন্ধুত্ব করতে চায়।
কখনো মনে মনে হয়তো ভেবে নেয় তোমাকে সাথী হিসেবে।
দাদন দিয়ে মনকে ভিজিয়ে দেয়ার নেশায় মাতে।
চাচা, সাত পাকে বাঁধা পরে, কার যেন কাছে।
সংসারে আগুন লেগেছে তখনই তো মনে হয়।
দাও দাও করে পুড়ে যায় মন, একটু ধোঁয়া ছাড়াই।
ছায়াতে মন বসাতে চাই , আরাম খেতে একটুখানি।
যাঁতাকলে পড়ে মন হয় যা তা।
মনের কথা , না থাকে গোপনে।
নিজেকেই কেমন যেন অসহায় লাগে।
অতিরিক্ত গুরুত্বপূর্ণ বলে মনে করা-
মানুষটি যেন মনে হয় কালের নিয়মে দুরে চলে যায়।
চার হাত যেখানে এক হওয়ার কথা ছিল,
তারা কেমন যেন দুরে চলে যায়।
মানুষ মানুষের জন্যে তো অনেক সময় পাগল হয়ে যায়।
তাঁরা কি করে দিনে দিনে জীবাশ্ম হয়ে যায়?
পাথর হয়ে যাওয়া মনটি ঐ জঙ্গলে আবারো হারায়,
তোমাকে পাবার কথা মনেই থেকে যায়।
মন তো ছুটে চলে যেতে চায় মাতাল হয়ে তোমার টানে।
সমাজ, প্রতিপত্তি, উঁচ- নীচে কি আর তখন মানে।
স্নিগ্ধ বসনা, দীপ্ত রসনা, হয়ে আনমনা কোন সেদিনে।

আছিল হৃদয়ে আঁকা বাঁকা হয়ে , সোজা হয়ে গেল তোমার
টানে।
চোখ বুজে হায় ভাবি কখনো, মনে পরে মে তুমি আছ হেথা।
সে কথা তে আছে জটিলতা তাই নাই কারো মাথা ব্যাথা।

50. পরিমাপ

ঈশ্বর তুমি আজ কোথায় হারিয়ে গেলে?
শত শত বছর ধরে, একটু আধটু করে তোমার আশায় বসে
আছি।
ভরসায় ভেলায় ঐ সাড়া বেলায় কেমন যেন আটকে গেছি।
পবিত্র কর্তব্য পালন করে সেরূপ ভালোবাসায়
যে মানুষ এক হয়ে যেতে পারে।
মেয়ের সেই কুমারীত্বের মতো ধ্রুব সত্য কথা কেউ জানে না
তো?
নতুন বছরের শুভেচ্ছা ও বড়দিনের শীতলতার মতো
পবিত্র সেই আশা, দিন দিন হয়েছে জমা।
হিমালয় সম উচ্চতায় অবস্থিত এই শিখর।
নতমস্তকে দাঁড়িয়ে আছে সেই আশির্বাদ ।
একটুখানি লজ্জা একটুখানি বিজ্ঞান!
কখনো বা জাতীয় আঙিনায় ফেরা।
সীমাবদ্ধতা নিয়ে স্বগতোক্তি।
বাড়ায় তাদের নিজেদের মান।
কালে ভদ্রে কখনো না পাওয়া সেই আশা।
ভুলে থাকা সেই নির্মল আড্ডা।
টাকা, অর্থ অপ্রাসঙ্গিক কথা।
মেয়ের সেই পরিমাপ পুরুষ ছাড়া অসম্পূর্ণ।
আবার অবাক পৃথিবীতে কখনোই
পুরুষ অপ্রাসঙ্গিক নয় ঐ নারী সমাজের চোখে।
অথচ আমরা কেমন যেন ভুলে যাই।

আবার বিভেদ সৃষ্টি করি নারী পুরুষের মধ্যে।
হয়তো বা কখনো নিজ স্বার্থে নিজ প্রয়োজনে।
দিন হতে দিনের শেষে
কখনো বা শিশিরের রেশে, আমাদের দেশে।
ভুলে যাই নিজেদের, কখন কোথায়
হতাশা ছেড়ে চেয়ে দেখি তোমার পানে।
হারিয়ে যায় কভু তোমার ঐ সে টানে।
তত বেশি সফল হবে কিনা
চোখ বুজে বিশ্বাস করি কি তোমার বিনা।
হৃদস্পন্দন বেড়ে যায় তোমাকে দেখে।
কখনো বা লজ্জায় পড়ি মেখে।
কখনো বা ইশারায় জাল বোনা।
হবে না হায় , সেই আমার জাগরনের আনাগোনা।

Introduction Of The Author

Mrinal Kanti Guin

The author is a civil servant. His early education started in Agriculture. He graduated in B.Sc (Hons) in Agriculture. Later he completed his master's degree in Genetics from Bidhan Chandra Krishi Viswavidyalaya (BCKV) West Bengal.

After completing his education, he joined as a civil servant in West Bengal Civil Service (Exe.). He has vast knowledge in serving the people of Bengal in different capacities in many districts. In this book, he tries to touch the heart of the people by his writings. In his writings he provided different example with critically with lucid illustration. The aim of this writing is to bring the positive thinking among the different section of readers.

"নীলাভ"   "nelabha" [bluish]

It is a collection fifty fantastic poems written in lucid language in Bengali version. They will definitely touch you.This is my most awaited and loving collection of poems of different taste. The word "নীলাভ" "NELABHA" [BLUISH] is a Bengali word. The word bears the meaning of "dream that that comes to everyone to improve the thought of the persons. It empowers the person to do the things to achieve ultimate goal of their life." There are fifty poems written for different perspectives that will give the clear picture to paint their imagination.

All my poems are very much scientific and care has been taken to choose the correct Bengali words with different meaning.